职业院校素质教育规划教材系列

现代礼仪

王立湖　王　虎　周继文　主　编
徐茂春　谭学文　李淑芬
　　　　王　波　戴丽华　副主编
　　　　贾朝东　陈荣海　主　审

电子工业出版社
Publishing House of Electronics Industry
北京·BEIJING

内 容 简 介

本书是根据最新礼仪理论及高职商贸类专业人才的培养目标与特点，紧紧围绕热点时事和学生人际交往的需求，以学生必备的礼仪知识为基点，以易学、实用、新颖为抓手，以实用教学为目的而编写的现代礼仪教程。全书从"追根溯源话礼仪""规范举止塑形象""公共场所显魅力""日常生活展素养""巍巍学府育英才""亲慈子孝享人伦""觥筹交错齿留香""锦绣商场任君游""对外交流壮国威"等9个方面组织材料介绍现代礼仪知识，融理论性、实践性、可操作性为一体，张弛有度，精彩纷呈，让读者受益终身。

本书既可以作为高等职业院校、高等专科学校、成人高校、五年一贯制学校各专业学生的综合素养养成类教学用书，也可以作为中职财经类、商贸类专业的教学用书，还可以作为社会商务从业人员、创业人员的培训用书。

未经许可，不得以任何方式复制或抄袭本书之部分或全部内容
版权所有，侵权必究。

图书在版编目（CIP）数据

现代礼仪 / 王立湖，王虎，周继文主编. -- 北京：电子工业出版社，2017.1
ISBN 978-7-121-29172-2

Ⅰ．①现… Ⅱ．①王… ②王… ③周… Ⅲ．①礼仪—高等职业教育—教材 Ⅳ．①K891.26

中国版本图书馆CIP数据核字（2016）第141808号

策划编辑：陈 虹 张思博
责任编辑：陈 虹　　　　　　　　　　特约编辑：许振伍　杨 昕
印　　刷：三河市良远印务有限公司
装　　订：三河市良远印务有限公司
出版发行：电子工业出版社
　　　　　北京市海淀区万寿路173信箱　邮编 100036
开　　本：787×1 092　1/16　印张：11.25　字数：266千字
版　　次：2017年1月第1版
印　　次：2021年5月第12次印刷
定　　价：32.00元

凡所购买电子工业出版社图书有缺损问题，请向购买书店调换。若书店售缺，请与本社发行部联系，联系及邮购电话：（010）88254888，88258888。
质量投诉请发邮件至zlts@phei.com.cn，盗版侵权举报请发邮件至dbqq@phei.com.cn。
本书咨询联系方式：电话010-62017651；邮箱fservice@vip.163.com；QQ427695338；微信DZFW18310186571。

前 言

"国尚礼则国昌,家尚礼则家大,身尚礼则身正,心尚礼则心泰。"清初思想家、教育家颜元的这一观点足以看出古代人们对礼仪的重视。当今现代礼仪的重要性日益显现,中等职业学校礼仪教育是学校德育工作的重要组成部分,是学校教育和管理的重要环节,礼仪课成为职业学校学生重塑自我形象、提升自我修养和素质的一个重要途径。基于职业学校学生的具体情况,我们组织编写了本书。

本书是江苏省职业教育研究立项课题新形势下中等职业学校德育工作创新研究——以江苏模特艺术学校为例和江苏开放大学、江苏城市职业学院"十二五"规划课题(14SEW-Q-054)职业学校校园文化与企业文化的对接与实践的部分成果的结晶。它作为反映我们职业教育教学改革最新理念的新型实用教材,是我们的一次有益尝试。本书结合职业学校办学特点、学生特点,有针对性地开展礼仪专题知识教育,分为9章,各章根据需要穿插任务目标、引导案例、知识链接、案例分析、小资料、阅读材料、实训环节等栏目。

本书克服了传统礼仪教材重理论轻实践、重普及轻实训的缺点,拟为学生提供系统、全面的礼仪知识。本书没有太深的理论阐述,而是通过大量生活中的案例引起学生的阅读兴趣,深入浅出地介绍中等职业学校学生需要掌握的礼仪基本知识。以典型案例为引导,以例说理,情理交融,并配以手绘简笔画,有效地加强了趣味性和可读性。

本书由淮安工业中等专业学校王立湖、江苏模特艺术学校(徐州文化艺术学校)王虎、黑龙江省贸易经济学校周继文任主编,由淮安工业中等专业学校徐茂春、谭学文、李淑芬、王波、戴丽华任副主编,由淮安工业中等专业学校贾朝东、江苏模特艺术学校(徐州文化艺术学校)陈荣海担任主审。具体分工为:王立湖、王虎、徐茂春编写第一章,马娟、王虎编写第二章,王虎、王立湖编写第三章,谭学文、宋予编写第四章,戴丽华、王波编写第五章,李淑芬、洪娟编写第六章,吴穷、张晶编写第七章,严妍、邱顺喜编写第八章,周晓瑜、陈玉编写第九章,全书插图由杜艺、冯雅文手绘,全书由王立湖、王虎统稿,周继文协助大纲的制定和样章的修改。本书在编写过程中得到了江苏淮安工业中等专业学校、江苏模特艺术学校(徐州文化艺术学校)、黑龙江省贸易经济学校、江苏宜兴中等专业学校、苏州工业园区工业技术学校、大连市经济贸易学校的大力支持,再此表示衷心感谢。

本书由从事中等职业学校学生教育的教师编写,并非礼仪专家,因而对相关知识的学习、掌握得还不够,在编写过程中难免存在这样或那样的不足,恳请各校教师在使用中提出宝贵的意见,以便在今后修订时加以改进和完善。

编 者

目录 Contents

第一章 追根溯源话礼仪 ……………………… 1
- 第一节 古老中国礼仪之邦 ……………………… 2
- 第二节 和谐社会礼仪为先 ……………………… 5
- 第三节 礼仪与成功密不可分 …………………… 8

第二章 规范举止塑形象 ……………………… 13
- 第一节 仪容礼仪 ………………………………… 14
- 第二节 仪态礼仪 ………………………………… 19
- 第三节 仪表礼仪 ………………………………… 27

第三章 公共场所显魅力 ……………………… 36
- 第一节 出行礼仪 ………………………………… 37
- 第二节 特定场所礼仪 …………………………… 50

第四章 日常生活展素养 ……………………… 58
- 第一节 称呼礼仪 ………………………………… 59
- 第二节 日常见面礼仪 …………………………… 62
- 第三节 介绍礼仪 ………………………………… 66
- 第四节 接待礼仪 ………………………………… 69
- 第五节 电话礼仪 ………………………………… 72

第五章　巍巍学府育英才 …… 76
第一节　学生礼仪 …… 76
第二节　校园生活礼仪 …… 83
第三节　校园交往禁忌 …… 90

第六章　亲慈子孝享人伦 …… 93
第一节　家庭成员间的礼仪 …… 94
第二节　睦邻礼仪 …… 102
第三节　家庭礼仪禁忌 …… 106

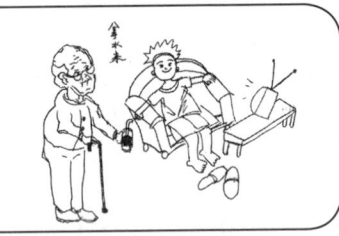

第七章　觥筹交错齿留香 …… 111
第一节　宴请礼仪 …… 112
第二节　中餐礼仪 …… 118
第三节　西餐礼仪 …… 126

第八章　锦绣商场任君游 …… 135
第一节　商务拜访和商务接待礼仪 …… 136
第二节　商务谈判礼仪 …… 143
第三节　商务专题活动礼仪 …… 146
第四节　商务文书相关礼仪 …… 153

第九章　对外交流壮国威 …… 157
第一节　涉外礼仪通则 …… 158
第二节　涉外迎送礼仪 …… 162
第三节　涉外礼宾次序和国旗的悬挂 …… 165
第四节　宗教和节日礼仪习俗 …… 167
第五节　涉外礼仪的禁忌 …… 169

参考文献 …… 173

第一章

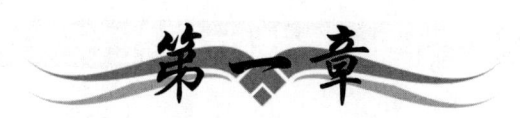

追根溯源话礼仪

> 无礼是无知的私生子。
> ——巴特勒

引导案例

小处不可随便——从歪戴帽子说起

元世祖忽必烈一次召见应聘官员，应聘者中有一个叫胡石塘的。此人生性粗心，不拘小节，还歪戴着帽子就进去觐见忽必烈。忽必烈看见他，问道："你有什么本事啊？说来我听听。"胡石塘回答说："我有治国平天下的学识。"忽必烈听了哈哈大笑："你连自己头上的帽子都戴不平，还能平天下吗？"

胡石塘因为歪戴帽子、不拘小节而葬送了前程，难道不足以说明礼仪礼貌的重要吗？

阅读材料

礼仪传承：鄂伦春族人的熊崇拜礼仪

我国东北地区长期以来居住着鄂伦春族居民，他们在新中国成立前的相当长一段时期内，仍然沿袭着原始社会的生活方式和礼仪习俗——熊崇拜。打猎时如果捕到了熊，部族成员要先在一起痛哭一场，再吃熊肉。吃完熊肉后再哭一场，并对熊的骨骼等剩余部分实行"天葬"。

评析：鄂伦春族人的这种熊崇拜礼仪是礼仪起源于原始社会这一说法的有力佐证。

现代礼仪

> 不学礼，无以立。
> ——孔子

第一节　古老中国礼仪之邦

任务目标

了解"礼仪之邦"的由来，以及中华传统礼仪的内容。

中国古来被称为"衣冠上国，礼义之邦"。中国人也以其彬彬有礼的风貌而著称于世。礼仪文化作为中国传统文化的一个重要组成部分，对中国的社会历史产生了广泛而深远的影响。其内容十分丰富，涉及的范围非常广泛，几乎渗透于社会的各个方面。

在我国古代，"礼"和"仪"实际上是两个不同的概念："礼"是制度、规则及一种社会意识观念；"仪"是"礼"的具体表现形式，是依据"礼"的规定和内容形成的一套系统而完整的程序。

知识链接：中国古代礼仪

兄弟行辈中长幼排行的次序是：伯（孟）是老大，仲是老二，叔是老三，季是老四。古代贵族男子的字前常加伯（孟）、仲、叔、季表示排行，字的后面加"父"或"甫"字表示男性的美称，如伯禽父、仲尼父、叔兴父等。

孝，指对父母要孝顺、服从；悌，指对兄长要敬重、顺从。孔子非常重视孝悌，把孝悌作为实行"仁"的根本，提出"三年无改于父道""父母在，不远游"等一系列孝悌主张。孟子也把孝悌视为基本的道德规范。秦汉时的《孝经》则进一步提出："孝为百行之首。"

先秦时期的成年礼以服饰改变为其最大特征，而其中最特别的是头上的冠、笄（jī，古代束发用的簪子），因此，男子成年礼称为"冠礼"，女子成年礼则称为"笄礼"。先秦男子举行成年礼的年龄固定在20岁，女子则须视其许嫁与否而定，许嫁者15岁行笄礼，否则，20岁才行笄礼。

在我国古代，礼仪是为了适应当时社会需要，从宗族制度、等级制度中衍生出来的，因而带有它所产生的那个时代的特点及局限性。时至今日，现代礼仪与古代礼仪已有很大差别，我们必须摒弃那些陈旧过时的礼仪规范，汲取对今天仍有积极、普遍意义的传统文明礼仪，如尊老敬贤、仪尚适宜、礼貌待人、容仪有整等，并加以改造与承传。这对于良好个人素养的提升、人际关系的完善、社会风气的塑造和社会主义精神文明的建设，都具有现代价值。

一、尊老敬贤

我国自原始社会到封建社会，人际关系均以氏族血缘关系为纽带，因此，提倡在家族里遵从祖上，在社会上尊敬老人。古代这种传统礼仪，对于形成温情脉脉的人际关系，以及有序和谐的伦理关系，不管在过去还是现代，都起着重要作用。说到尊老，这是我国传统文化中的一大特色。今天，我们提倡发扬古代"敬贤之礼"，须赋予新的内容，即尊重知识，尊重人才。当今社会，各种竞争越来越激烈。种种竞争，归根到底是人才的竞争。大至国家民族，小到公司企业，要在激烈的竞争中保持优势地位，都必须拥有强大的人才队伍。只有从思想观念到具体行动上尊重、爱护人才，使全社会形成一个尊重知识、尊重人才的良好环境，形成足够强大的人才队伍，才能立于不败之地。

案例分析

小处不可随便

传说有人把于右任先生写的"不可随处小便"重新组合装裱，于是就有了"小处不可随便"的典故。其实，"小处不可随便"是中国人自古以来的一条处世原则。古语道："战战栗栗，日谨一日。人不踬于山，或踬于垤。"告诫人们时时预防，以免被小土块类的东西绊倒。

1786年，法国国王路易十六的王后玛丽•安东尼到巴黎戏剧院看戏，全场起立鼓掌。放荡不羁的奥古斯丁为了引起王后的注意，向王后吹了两声很响的口哨。当时吹口哨被视为严重的调戏行为，国王大怒，把奥古斯丁投入监狱。而奥古斯丁入狱后似乎就被遗忘了，既不审讯，也不判刑，只是日复一日地关着。后因时局变化，也曾有过再次出狱的机会，但阴差阳错，终究还是无人问津。直到1836年老态龙钟的奥古斯丁才被释放，当时已经72岁。两声口哨换来50年的牢狱之灾，实在是天大的代价。

与此相反，一滴水可以折射太阳的光辉，小处端正的人往往能取得人们的信任。法国有个大银行家，名字叫恰科。但他年轻时并不顺利，52次应聘均遭拒绝。第53次他又来到了那家最好的银行，礼貌地说完再见，转过身，低头往外走去。忽然，他看见地上有一枚大头针横在离门口不远的地方。他知道大头针虽小，弄不好也能对人造成重大伤害，就把它捡了起来。第二天，他出乎意料地接到了这家银行的录用通知书。原来，他捡大头针的行为被董事长看见了。从这个不经意的小动作中，董事长发现了他品格中闪光的东西。这样精细的人是很适合做银行职员的。于是，董事长改变注意决定聘用他。恰科也因此得到了施展才华的机会，走向了成功之路。

二、仪尚适宜

中华民族素来注重通过特定的形式，表达人们内心丰富的情感。遇到重大节日和发生重要事件，多有约定俗成的仪式。例如，获得丰收，要欢歌庆贺；遭到灾祸，要祈求神灵

> 无礼是无知的私生子。
> ——巴特勒

保佑。久而久之，就形成了许多节庆及礼仪形式，如春节、元宵、中秋、重阳等，几乎每个节日，都有特定的礼俗。在古代，婚、丧和节庆等活动是作为社会生活中的大事来对待的，其礼仪规定得格外详尽而周密，从服饰、器皿到规格、程序和举止等，都有具体的规定。今天，我们要保持和发扬中华民族优秀的礼仪文明，最重要的一点，就是贵在适宜。即如程颢和程颐所主张："奢自文生，文过则为奢，不足则为俭。"可见，仪式的规模在于得当，适当的文饰是必要的，但文饰过当就会造成奢侈浪费，偏离礼规的要求；而过于吝啬，妨碍到仪式的实行也是不得体的。古人这种见解，对我们今天举行各种仪式也具有指导作用。在当今的社会活动中，举行各种仪式仍然是不可缺少的。公司开张、儿女婚嫁，以及各种节庆活动都有不同的仪式。我们要把握好各种仪式的规模，就必须掌握好适度的原则，使必要的仪式同现代文明相结合，相关活动既隆重其事，又不至于华而不实。我们尤其要反对那种借婚丧庆典之机，大操大办、铺张浪费的现象，反对那种认为仪式越隆重越好，越豪华越合乎礼规的观点。例如，当今不少新婚夫妻为使婚礼够排场，摆阔气，互相攀比，弄得债台高筑，造成巨大浪费。甚至有些领导干部不顾影响，以权谋私，乘机收受大宗贺礼，助长奢靡之风。这既不符合中华民族的优良传统，又不符合当代中国的国情、民情。

三、礼貌待人

礼貌待人是任何一个文明社会、任何一个文明民族都十分注重的。因为礼貌是人类社会据以促进人际交往友好和谐的道德规范之一，是构建起与他人和睦相处的桥梁。它标志着一个社会的文明程度，反映一个民族的精神面貌。我国历来非常重视遵循礼规，礼貌待人。其中许多耐人寻味的经验能给人启迪。

① 与人为善。与人相处，为善当先。这个"善"应是出自内心的诚意，是诚于中而形于外，而不是巧言令色和徒具形式的繁文缛节。《礼记》说："夫礼者，自卑而尊人。"如果表面上恭敬热情，而内心虚伪，或是仅仅内心尊敬，而毫无表情，都是不够的。应该表里一致，才能从根本上消除人与人之间的隔阂、摩擦，进而互敬互爱，友好相处。

② 礼尚往来。礼尚往来是礼貌待人的一条重要准则。就是说，接受别人的好意，必须报以同样的礼敬。这样，人际交往才能平等友好地在一种良性循环中持续下去。因此，《礼记》说："礼尚往来，往而不来，非礼也；来而不往，亦非礼也。"对于受恩者来说，应该滴水之恩，涌泉相报。

四、仪容有整

古人对仪表的要求中最重要的有 3 个方面：衣着容貌，行为举止，言语辞令。这 3 个方面，是我国传统礼仪的精华。虽说时代不同了，但古人对仪容仪表的重视及整洁仪容要求，是值得今人借鉴的。外在形象是一种无声的语言，它反映出一个人的道德修养，也向人们传递着一个人对整个生活的内心态度。一个具有优雅的仪表的人，无论走到哪里，他都能给那里带来文明的春风，得到人们的尊敬。毫无疑问，传统礼仪文明对我国社会历史

发展产生积极影响。一般说来，社会上讲文明礼貌的人越多，这个社会便越和谐、安定。如果我们每一个人都有素养，礼貌待人，交往有节，我们的生活就会更加愉悦，而社会更加文明和谐。从这一点讲，礼仪对社会起着政治、法律所起不到的作用。

长期以来，我们忽视了传统礼仪文明这一宝贵的精神财富。在相当长的时间内，社会、学校对礼仪养成教育不够重视，许多不文明的行为也有增无减。在今天社会主义精神文明建设中，我们应立足于吸收民族文化中的精华，使传统文明礼仪古为今用，重建一套现代文明礼仪。

> **知识链接：礼仪之邦**
>
> 待人接物时，举手投足、音容笑貌，无不体现一个人的气质与素养。荀子云："人无礼则不生，事无礼则不成，国无礼则不宁。"文明礼仪是我们学习、生活的根基，是我们健康成长的臂膀。
>
> 一个人的仪表、仪态，是其修养、文明程度的表现。古人认为，举止庄重，进退有礼，执事谨敬，文质彬彬，不仅能够保持个人的尊严，还有助于进德修业。
>
> 我国历来强调敬养老人。古时候，生产力发展水平低，肉类食品是特殊的美食。《礼记》中立下规范："养耆老以致孝。"东汉时李茝虽然家贫，但宁可自己节省，而每天买肉供其母食。南北朝时，南齐开国皇帝萧道成年轻时家业本贫，几个儿子冬月只能穿单衣裳，却对母亲奉赡甚厚，确保母亲每餐都能吃上肉食。

第二节 和谐社会礼仪为先

任务目标

了解和谐社会礼仪文化建设的时代内涵。

案例分析

> **真情献乘客**
>
> 北京市21路公共汽车1333号车女售票员李素丽，自1981年走上三尺售票台以来，以周到的服务、细致的关怀，赢得了社会的赞誉，做出了不平凡的成绩。她为自己制定了服务原则：礼貌待人要热心，照顾乘客要细心，帮助乘客要诚心，热情服务要恒心。李素丽经常是"你发火，我耐心；你烦躁，我冷静；你粗暴，我礼貌，得礼也让人"。为了搞好服务，李素丽不但学会了一些简单的哑语、英语和粤语，还自学了心理学，针对不同的乘客，艺术地为他们服务。例如，一位姑娘把座位让给一位抱小孩的

无礼是无知的私生子。——巴特勒

现代礼仪

> 不学礼，无以立。
> ——孔子

女乘客，这位乘客好像认为这座位就该她坐似的，没有丝毫感谢之意。见此李素丽便上前逗女乘客怀里的孩子："多可爱、多乖的小孩，阿姨上了一天班这么累还让座给你，还不谢谢阿姨。"小孩母亲一听，感到自己失礼了，立即向姑娘道谢。

在人类文明史上，礼仪文化源远流长，影响深远。礼仪文化的发展是社会文明进程中的重要一环。在现代社会，随着国际经济、文化和社会交往日益频繁，社会对公民的文明素质要求越来越高，礼仪文化建设的重要性日益突出。特别是在全球化的今天，为了构建社会主义和谐社会，实现全面建设小康社会的宏伟目标，对礼仪文化建设提出了更为迫切的要求。

一、礼仪文化的本质是一种和谐文化

礼仪文化使人类的社会交往在一定规范内进行，使社会关系更趋和谐。无论是从宏观还是微观方面来看，礼仪文化对于社会的和谐发展及个体更好地适应社会生活都有着十分重要的意义。因此，无论是从礼仪文化的本质还是从其所发挥的作用来看，以"和"为中心的礼仪文化传统与"构建社会主义和谐社会"的理念是不谋而合的，并构成和谐文化建设的重要内容之一。在新的形势与社会背景下，礼仪文化建设既要汲取传统文化中的精髓，也要寻求创新性的发展。

二、新时期礼仪文化建设的时代内涵

随着社会的不断进步及经济全球化的发展，科技、文化、教育都日益趋向现代化和国际化，礼仪文化作为社会文明程度的标志之一，也需要做出相应的变革。我国的传统礼仪文化推崇仁敬、正义、诚信、辞让、慈孝，与之相比，新时期的礼仪文化更为注重民主。一般而言，现代礼仪文化的内容有3个来源：一是我国古代文化典籍中所包含的传统礼仪文化资源；二是当代人民群众的生活实践；三是立足于全球化背景与其他国家开展礼仪文化交流。现代礼仪文化建设既要继承中华礼仪传统，也要不断汲取不同国家和地区礼仪文化中的精华。目前，我国正处于改革开放转型时期，不可避免地会出现利益矛盾、价值观冲突、道德失范等问题，这对人们的思想观念产生了强烈的冲击，影响着社会的和谐发展，现代礼仪文化及观念的树立，将有助于提高公民素质，为构建和谐社会打下良好的基础。2013年12月23日中共中央办公厅印发的《关于培育和践行社会主义核心价值观的意见》为礼仪文化注入了新的内涵，不仅弘扬了中华民族的传统美德，又创新性地提出了新阶段的礼仪标准与要求，是对传统礼仪文化的发扬光大。

三、新形势下要多渠道推进公民礼仪教育

我国是"礼仪之邦",重视礼仪教育是我国的优良传统。礼仪是有关社会交往的行为规范与准则,礼仪教育是社会主义道德教育的重要组成部分,礼仪教育的发展状况体现着一个社会的文明程度。通过礼仪教育,引导公民自觉遵守当代道德规范和礼仪形式,不断提升公民素质,以促进和谐社会建设。总体而言,公民礼仪素质教育需要从不同层面、不同渠道来进行,通过家庭、学校及社会共同推进。

家庭教育是礼仪文化的启蒙阶段,我国历代的思想家、教育家都极为重视少年儿童的礼仪教育。孔子就曾谆谆告诫自己的儿子:"不学礼,无以立。"朱熹曾在《童蒙须知》中从礼服冠履、言行步趋、洒扫涓洁、写字读书等方面对儿童礼仪做出过严格规定,明代王阳明也将学习礼仪列为儿童每日的必修课程。虽然当代对于青少年的礼仪教化已没必要如古代社会般烦琐和严格,但礼仪教育仍然是家庭启蒙教育的重要内容之一,并渗透到生活能力教育和文化知识教育之中。家庭教育是人生礼仪文化教育的重要阶段之一,推进公民道德教育,要求从儿童启蒙阶段抓起,将礼仪规范内化为个人的行为习惯。

学校礼仪教育是礼仪文化教育的规范化阶段,也是个体社会化的重要途径之一,培养自觉遵守社会规范的个体是学校礼仪教育的宗旨,也是构建和谐社会的基础。教育主管部门不仅要在学前教育阶段和中小学教育阶段注重礼仪教育,同时也应将其列为职业教育的重要内容之一。礼仪文化教育不仅是学生道德教育的一部分,而且从其实用性来看,各类专业化的礼仪文化,如商务礼仪、公关礼仪、社交礼仪、涉外礼仪等应用性课程的开设,能为学生今后步入职场打下良好的基础。因此,学校礼仪教育有助于全面提升学生的道德修养和综合素质。

> **小资料:事业成功的手段**
>
> 据说,希尔顿在成功之初,他母亲就希望他能找到一种简单、易行、不花本钱却又行之长久的经营秘诀。希尔顿冥思苦想,终于发现只有微笑才符合他母亲提出的4条标准。从此他给员工定下一条规定:"无论旅馆本身遭遇的困难如何,希尔顿饭店服务员脸上的微笑永远是属于旅客的阳光。"十几年来,希尔顿饭店正是凭着"微笑"的魅力,不仅挽救了经济大萧条、大危机时代的希尔顿饭店,而且造就了今天遍及世界五大洲、拥有近百家五星级饭店的希尔顿集团,从而赢得了事业上的巨大成功。

> 无礼是无知的私生子。——巴特勒

第三节 礼仪与成功密不可分

任务目标

理解礼仪对个人成功的作用。

案例分析

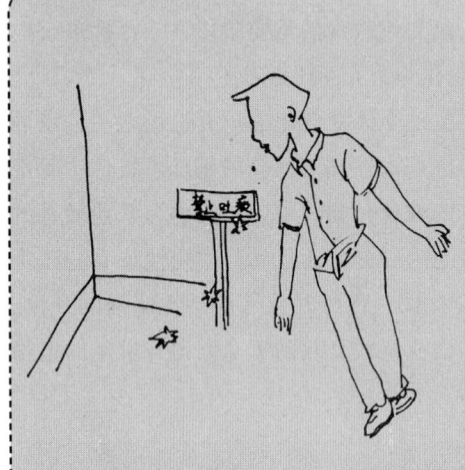

功亏一篑

国内一家医疗设备厂的老板拟与一家国外客商签订长期合作协议。厂长精通业务,管理到位。外商参观后对厂方状况和厂长管理能力非常满意,准备次日签约。厂长见大功即将告成,喜悦之余走到车间墙角随意吐了口痰,然后"娴熟"地用鞋底擦去……这一切外商尽收眼底,回去后彻夜难眠,考虑到双方合作项目是生产输液管,人命关天,而这位厂长的卫生习惯足以反映这家工厂的管理水平。第二天,这位客商给厂长复信一封,说明上述缘由,并婉转拒绝了这次合作机会。

这个真实的故事告诉我们,礼仪无小节,礼仪非小事。个人的礼仪既表现了个体的文化修养和文明素质,也反映出集体的修养和素质,与个体和集体事业的成功与否,有很大关系。

中国是一个文明古国,素以温文尔雅、落落大方、谦恭礼让而著称于世。随着社会交往的日益扩大,礼仪在社会交往中的作用日益提高,文明交往成为世界各民族、各地区、各国的共同要求和愿望。

一、礼仪有利于培养自我高尚的道德情操

所谓情操,就是人的情感境界。礼仪不仅反映一个人的交际技巧与应变能力,而且反映一个人的道德情操、精神面貌。因此,通过一个人在社会生活中对礼仪运用的程度,可以察知其教养的高低、文明的程度和道德的水准。

礼仪对人的要求既有内在的修养,又有外在的表现形式。从这个意义上完全可以说,礼仪即教养,有教养才能文明,有道德才能高尚。因此,要培养自己高尚的道德情操,就

得懂情知礼，所谓"彬彬有礼，然后君子也"，讲的就是这个道理。

二、礼仪有利于培养自我优雅的气质

案例分析

> 中央电视台节目主持人黄微，1987年毕业于北京广播学院播音专业，是同届毕业的几十个女生中唯一进入中央电视台的播音员，先后主持过少儿节目《天地之间》，法治节目《社会经纬》，现在担任老年节目《夕阳红》的主持人。黄微不属于"艳丽"的一族，但她高雅的气质、和善亲切的主持风格很受好评。气质可以弥补形象的不足，丽质固然得益于天生，而气质却可以培养。因此，在了解自己气质类型及其特点的基础上，采取适宜的方式进行磨炼，良好的气质是可以获得的。

礼仪的学习和运用可以使人发扬气质的长处，克服弥补气质的短处，形成个性化的、优雅的、令人愉悦的气质形象。英国哲学家洛克也曾就礼仪对气质的影响说过这样一段话："礼仪的目的和作用使本来的顽梗变柔顺，使人们的气质变温和，使他敬重别人，和别人合得来。"可见，礼仪知识的学习和礼仪规范的实践是培养优雅气质的有效途径。

三、礼仪有利于培养自我优雅的仪表风度

优雅的风度是一个人的德、才、学、识等内在素质，通过具体的言谈举止、装束打扮、态度作风反映出来的受人欢迎的整体形象。人们常常用文质彬彬、风度翩翩来形容一个人的风度。人们也都希望自己与人交往时潇洒大方，不拘束、不呆板，气度不凡，招人喜欢，受人尊敬。但优雅的风度不是一蹴而就的，不仅需要有丰富的内涵，而且需要言谈举止得体。这都需要人们持之以恒地不断学习、积累。礼仪知识的学习，既可以丰富人们的内涵，又能教会人们如何规范自身行为、塑造良好的仪表形象，因而是培养优美风度所不可或缺的。事实上，受过良好礼仪教育或注重礼仪修养的人，无论是在内在气质上，还是在外在行为方式上，都与缺少这种训练的人有着明显的不同。

案例分析

尼克松竞选总统

> 美国前总统尼克松曾在1961年参加过总统竞选，由于仪表风度不佳，被肯尼迪击败。当时任副总统的尼克松思维敏捷，善于表达，富有经验和坚强的毅力，被大多数美国人认为是仅次于总统艾森豪威尔的政治人物。在竞选前夕的民意测验中，尼克松以56%∶44%遥遥领先于肯尼迪。不幸的是尼克松在电视辩论前不久因车祸撞伤膝盖，在与肯尼迪面对

无礼是无知的私生子。——巴特勒

> 美国7 000万电视观众辩论时，尼克松身体消瘦，眼窝下陷，衣服宽大松垮，显得疲惫憔悴，萎靡不振。而肯尼迪高大魁梧，健康结实，衣着合体大方，精神饱满，气宇轩昂。结果肯尼迪以49.9%：49.6%美国历史上总统竞选最微弱的多数获胜。在1968年的美国总统大选中，尼克松再次角逐。他吸取第一次竞选失败的教训，雇用一大批公共关系顾问和广告专家，精心策划竞选活动，塑造形象，终于成功地当选为美国总统。

四、礼仪有利于建立自我融洽的人际关系

美国《幸福》杂志，对美国500位年薪50万美元以上的企业高级管理人员和300位政界人士进行的一项调查表明，93.7%以上的人认为人际关系融洽是事业成功的最关键性因素。根据相关部门的调查报告显示，中国每100位头脑出众、业务过硬的人士中，就有67位因人际关系障碍而在事业中严重受挫，难以获得成功，他们共同的缺陷是难以启齿赞美别人。

人际关系是人类社会生活中极为重要的关系。一个人如果没有良好的人际关系，就无法满足个人的归属感、受尊重感，就会怅然若失，甚至惶惶不安、行为怪异。同样，如果一个单位或整个社会人际关系混乱、紧张，就不会有安定团结的局面。礼仪作为一种规范、程序，作为一种凝固下来的文化传统，对人们之间的相互关系模式起着固定、维护和调节的作用。例如，人们在家庭生活中的关系及各自的权利和义务都受着传统和现代礼仪规范的约束。父母爱子女，但更要教育好子女，决不能溺爱子女；子女则要尊敬父母，孝敬父母。夫妻之间地位平等，应该相敬如宾，白头偕老。朋友之间要以信为先，受人点滴之恩，当涌泉相报。如果人际关系出现了不和谐，或者做出新的调节，往往要借助于某些礼仪形式、礼仪活动。例如，宴请、联谊、联欢等活动将促进健康良好的人际关系的建立和发展。

五、礼仪有利于促进自我事业的成功

我们每一个人都渴望成功，在争取成功的道路上，礼仪起着促进的作用。社会学家调查表明，形象因素在一个人的成功中占有很大的比例。在一般人看来，进行形象设计，只是将人的外形美化，如训练形体动作等，但事实上它会让人看起来更诚信，工作效率更高，显得更有智慧。

案例分析

> 北京某外贸公司的一位女业务员，为了开展向中东某国的出口业务，潜心了解阿拉伯国家的民俗礼仪。在去该国推销产品时，她尊重阿拉伯国家的习惯，穿上素服，戴上头巾，不露秀发。在客户应邀来北京谈判时，她又处处注意礼仪，坚持平等互利。每逢伊斯兰教节日，便中止谈判，安排客户前往北京牛街清真寺进行宗教活动。这样

第一章　追根溯源话礼仪

既与客户建立了友谊，又赢得了客户的信任和尊重，不仅当时就签署了上百万元的出口合同，而且以后这位客户的所有进出口业务都找这位女士办理。

"张良纳履"在中国是一个家喻户晓、妇孺皆知的故事。辅佐汉高祖刘邦夺得天下的张良年轻时有一次步行到下邳桥上，有一老者故意堕鞋桥下，叫他给拾起来。张良二话没说不仅从桥下拾来鞋，而且恭恭敬敬地为老人穿上。老人说："孺子可教矣。"就把《太公兵法》这部奇书交给了张良。中国古代这样的故事很多，如"不耻下问""三顾茅庐"等，都说明待人谦恭有礼，才能得到别人的信任，才能获得广泛的支持，取得事业的成功。

> 无礼是无知的私生子。
> ——巴特勒

六、礼仪有利于养成自我良好的行为习惯

案例分析

有一家有名的私营企业，需要招聘一位厨师，由于待遇较高，应聘的人很多。经过几轮测试后，留下了3位进行"真刀真枪"的实际操作。考题就是做同一道菜，甲、乙、丙按顺序一个一个地完成。考试完毕后，主考官们认为3个人都很不错，技术上不相上下。只是在整个操作过程中，乙每次清洗完后，都要用手捧水把水龙头冲洗干净，因为用肥皂洗完手后，水龙头上沾了泡沫，如果不清洗干净，别人使用时会弄脏手。这说明乙不仅具有好的技术，而且具有良好的卫生习惯。所以该企业录用了乙。乙被录取的原因看似很偶然，但仔细想想，这不仅仅是运气。其实不论在什么岗位，都要具有良好的素质，当机会出现在你面前时，别因小失大，让机遇从你手中不知不觉地消失。

社会生活中，人与人之间的交往必不可少，这决定了礼仪无时不在、无处不在，涉及社会生活的每个方面。一个人年轻时要讲礼仪，年老后也要讲礼仪；在家须对家人尤其是长辈讲礼仪，出门在外对他人也要讲礼仪；与人交往要讲礼仪，工作中要按礼仪行事。

现代文明社会，得体的礼仪从小处说有助于人们赢得信任、友爱和欢乐；从大处说可以使民族精神焕发出永恒的魅力。礼仪被纳入社会学的研究范围，不仅因为它关系到整个社会的精神文明、社会风气和民族风貌，也关系到提高精神文明建设、发展生产力。宏观上，礼仪与社会生活、文化事业、民族和睦、国际交往有不可忽视的联系，微观上

现代礼仪

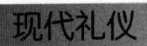

与家庭、同事、亲邻、学友，与个人行为密切相关，甚至会影响到人的思想、心态、生活、学习、工作，关系到每个人的事业发展和成就。

实训环节

1. 结合我们身边你了解的成功人士，谈谈礼仪对个人的影响？
2. 中国传统礼仪有哪些？
3. 谈谈新时期我们中职生如何提高自己的礼仪修养？

微课天地

追根溯源话礼仪

> 不学礼，无以立。
> ——孔子

第二章

规范举止塑形象

> 礼貌使有礼貌的人喜悦，也使那些受人以礼貌相待的人们喜悦。
> ——孟德斯鸠

引导案例：怎样才是一个得体的工作人员

一家公司新来了一个秘书叫晓兰，她在工作方面没什么问题，人也非常勤快，可就是给人不太得体的感觉。一天快到中午的时候，晓兰气喘吁吁地从外面办事回到公司，满头大汗，她像个假小子一样只用手擦了擦汗就开始给客户打电话。同事见她还有些头发沾在眼角边，便说："晓兰，看你出了那么多汗，去补个妆吧。""没什么。"晓兰有些不在意，继续埋头干活。

过了不久，晓兰又以一副新面孔展现在公司的同事面前——她脸上的粉擦得很厚，像剧里的媒婆，同事们惊呆了。

社交礼仪首先要求仪容美。仪容美主要有3层含义：一要仪容自然美，二要仪容修饰美，三要仪容内在美。仪容美，应当是自然美、修饰美和内在美的高度统一。这三者，仪容内在美是最高境界，仪容自然美是人们的心愿，而仪容修饰美则是仪容礼仪关注的重点。个人仪容的修饰，应当注意的有头发、面容、化妆等方面。

第一节　仪容礼仪

任务目标

1．结合自身特点，修饰、美化自己的仪容。
2．结合自身特点选择适合的发型。
3．熟悉得体的化妆。
4．保持整洁的面容。

一、头发

头发是人们脸面之中的脸面，应当做好日常护理。修饰头发应注意的问题有以下4个方面。

（一）头发整洁，无异味

不论有无社交活动，平日都要对自己的头发勤于梳洗。一般认为，头发每周至少应当清洗两次。头发勤于梳洗，既有助于保养头发，又有助于消除异味。若是头发懒于梳洗，弄得蓬头垢面，满头汗味，发屑随处可见，是很损害个人形象的。

（二）发型大方、得体

发型是构成仪容美的重要内容。美观的发型能给人一种整洁、庄重、洒脱、文雅、活泼的感觉。根据发质、服装、身材、脸型等选择合适的发型，可以扬长避短，和谐统一，增加人的整体美。

影响头发长度的因素有以下几点。

① 人分男女，男女有别，在头发的长度上要有所体现。一般认为，女士可以留短发，但不宜理寸发；男士头发可以稍长，但不宜长发披肩，梳辫挽髻。

② 头发的长度，在一定程度上与个人身高有关。以女士留长发为例，头发的长度就应与身高成正比。一个矮个的女士若长发过腰，会使自己的个头显得更矮。

③ 人有长幼之分，头发的长短也受此影响。飘逸披肩的秀发，就应是年轻少女的象征，70岁的老太太适合的是偏短的发型。

④ 职业对头发的长度影响很大。商界对头发的长度大都有明确的限制：女士头发不宜长过肩部，必要时应以盘发、束发作为变通；男士不宜留鬓角、发帘，最好不要超过7厘米，即大致不触及衬衫领口。

（三）美发

美发不仅要美观大方，而且要自然，不宜雕琢痕迹过重，或是不合时宜。美发的方法

有如下4种形式。

① 烫发，即运用物理手段或化学手段，将头发做成适当形状。决定烫发之前，先弄清楚哪种发型与自己的发质、年龄、职业适合。

② 染发。发色不理想，或是头发变白，即可使用染发剂使其变色。

③ 做发型，即运用发乳、发胶、摩丝等美发用品，将头发塑造成一定形状，或对其进行护理。

④ 假发。头发有先天缺陷或后天缺陷者，均可选戴假发。

（四）头发的护理

理发，又名头发护理，常见的是修剪头发，简称"剪发"，令人外观清洁整齐，有美化外型、美容之功用。从社交礼仪和审美的角度看，一个人头发的长短受到若干因素的制约，不可以一味地讲自由与个性，而不讲规范。

① 头发开叉建议用柔软的发梳从头皮梳向发端，平日尽量用阔齿的发梳来梳理头发，切忌用毛巾大力绞、擦。

② 头屑过多应避免梳头用力过度，忌用手过度抓搔。避免摄入过量的糖、淀粉和脂肪。宜多吃一些新鲜蔬菜、水果及瘦肉、鱼等。应经常定期洗头，保持头皮与头发的清洁。在洗发时水中放入一匙杀菌剂或醋，对预防头屑也很有效。

③ 脱发的现象很普遍。为避免脱发，应注意以下几点。

- 消除精神紧张，保持精神愉快。
- 多吃有益于滋养头发的食物，即富含维生素、矿物质的低脂肪食品。
- 用木梳梳头。
- 定期洗头。
- 要戒烟酒。
- 不要经常烫发、染发。

案例分析

飘逸的披肩长发

周女士很漂亮、很高雅，一头飘逸的长发垂至腰际，由于各方面能力比较强，成功应聘到一家大公司做总裁行政助理（秘书）。第一天上班前，周女士精心化妆，并着正装。但她到公司之后，发现同事们都不断瞅她，来与总裁洽谈事情的人，也都会不断瞅她。她虽然有点莫名其妙，但总是很有礼貌地报以微笑，心想，可能是自己漂亮，所以别人要忍不住多看几眼。总裁进办公室后，周女士很快

> 礼貌使有礼貌的人喜悦，也使那些受人以礼貌相待的人们喜悦。
>
> ——孟德斯鸠

斟上茶水，用优雅的姿势轻撩滑落在眼前的头发后，退出了房间。过了一段时间后，她前去给总裁倒水，却发现总裁一口水都没喝。她没有多想，优雅地理了一下滑落在眼前的头发后换掉凉水，如此三四次后，就到了中午下班的时间。这时她才感到很奇怪：为什么大家不断瞅她，总裁整个上午连一口水都没喝。

她感到很奇怪，不明白问题所在。大家知道问题的症结所在吗？

二、面容

案例分析

重要的服务仪容

某报社记者吴先生为做一次重要采访，下榻于北京某饭店。经过连续几日的辛苦采访，终于圆满完成任务。吴先生与两位同事打算庆祝一下。当他们来到餐厅时，接待他们的是一位五官清秀的服务员，接待服务工作做得很好，可是她面无血色，显得无精打采。吴先生一看到她就觉得没了刚才的好心情，仔细留意才发现，原来这位服务员没有化工作淡妆，在餐厅昏黄的灯光下显得病态十足，这又怎能让客人有好心情就餐呢？当开始上菜时，吴先生突然看到传菜员涂的指甲油缺了一块，当下吴先生第一反应就是"不知是不是掉入我的菜里了？"但为了不惊扰其他客人用餐，吴先生没有将他的怀疑说出来。但这顿饭吃得吴先生心里很不舒服。最后，他们唤前台服务员结账，而服务员却一直对着反光玻璃墙面修饰自己的妆容，丝毫没注意到客人的需要。因此，吴先生对该饭店的服务十分不满。

看来服务员不注重自己的仪容仪表或过于注重自己的仪容仪表都会影响服务质量。

有句俗话说"健不健，看容面"。人的面容，是七情表演的"舞台"。面容修饰在仪容修饰之中有着举足轻重的地位。修饰面容，首先要洁面，即勤于洗脸，每天两三次。卸妆需用卸装油卸去彩妆后再进行日常清洗。修饰面容，应具体到各个不同的部位。

（一）眼睛

眼睛保洁，主要指眼部分泌物的及时清除。若眼睛患有传染病，应自觉回避社交活动，省得让他人提心吊胆。如感到自己的眉形或眉毛不雅观，可进行必要的修饰，即修眉，但不提倡文眉，更不要剔去所有眉毛，刻意标新立异。此外，选戴的眼镜不仅要美观、舒适、方便、安全，而且应及时进行擦拭或清洗。

（二）耳朵

在洗澡、洗头、洗脸时，应注意清洗耳朵。应定期清除耳孔中的不洁分泌物，但不可在他人面前挖耳朵。耳毛过长时，应对其进行修剪。

（三）鼻子

应注意保持鼻腔清洁，不要让异物堵塞鼻孔，或是让鼻涕流淌。不要随处吸鼻子、擤鼻涕，更不要在他人面前挖鼻孔。鼻毛过长时应及时进行修剪。

（四）嘴巴

牙齿洁白，口腔无异味，是修饰上的基本要求。要做好这一点，一要饭后定时刷牙，以去除异味、异物；二要经常采用爽口液、洗牙等方式方法保护牙齿；三要在重要应酬之前忌食烟、酒、葱、蒜、韭菜、腐乳之类气味刺鼻的东西。

人体之内发出的所有声音，如咳嗽、清嗓、哈欠、喷嚏、吐痰等都是不雅之声，在社交场合应当禁止出现。需要指出的是，禁止异响，重在自律，而不必强求于人；在大庭广众之下，若他人不慎制造了异响，最明智的做法是视若不见；若自己不慎弄出了异响，不要显得若无其事，要尽快道歉。

唇间长有胡须，是男子的生理特点。男士若无特殊宗教信仰和民族习惯，最好不要蓄须，应及时剔去胡须。尤其是青年男子蓄须，既稀疏难看，又给人邋里邋遢的感觉。

（五）化妆

化妆，是修饰仪容的重要方法，它是指采用化妆品按一定技法对自己进行修饰、装扮，以便使自己容貌变得更加靓丽。在人际交往中，进行适当的化妆是必要的。这既是自尊的表示，也意味着对交往对象的尊重。在一般情况下，女士对化妆更加重视。当然，男士也有必要进行适当的化妆。

1. 化妆的要领

化妆的要领共有以下3条。

① 美化：化妆意在使人变得更加美丽，因此在化妆时要注意适度矫正、修饰得法；在化妆时不要自行其是，任意发挥，寻求新奇，有意无意将自己丑化、怪异化。

② 自然：化妆既要美化、生动，又要真实、自然。化妆的最高境界，是没有人工美化的痕迹，好似天然的美丽。

③ 协调：高水平的化妆，强调的是其整体效果，所以在化妆时，应努力使妆面与全身、场合、身份协调。

2. 化妆的礼规

不当众进行化妆，应事先或是在专用的化妆间进行。若当众进行化妆，则有卖弄表演或吸引异性之嫌。

不要将自己的妆化得过浓、过重，香气四溢，令人窒息，这对他人会造成妨碍。

若妆面出现残缺，应及时避人补妆，若听任不理，会让人觉得低俗、懒惰。借用他人化妆品不卫生，故应避免。

总体来说，社交前的化妆首先要考虑将要出席的时间、地点、环境条件及出场时自己的身份。在白天、在工作时间、在郊游时及进行剧烈运动时只能化淡妆；在夜晚参加晚会等活动时，妆可化得稍浓一点。

> 礼貌使有礼貌的人喜悦，也使那些受人以礼貌相待的人们喜悦。
> ——孟德斯鸠

现代礼仪

> 服装打造一个人，不修边幅的人在社会上是没有影响力的。
> ——马克·吐温

案例分析

浓妆淡抹总相宜

王芳，某高校文秘专业高材生，毕业后就职于一家公司做文员。为适应工作需要，上班时，她毅然放弃了"清纯少女妆"，化起了整洁、漂亮、端庄的"白领丽人妆"：不脱色粉底液，修饰自然、稍带棱角的眉毛，与服装色系搭配的灰度高偏浅色的眼影，紧贴上睫毛根部描画的灰棕色眼线，黑色自然型睫毛，再加上自然的唇型和略显浓艳的唇色。虽化了妆，却似没有化妆，整个妆容清爽自然，尽显自信、成熟、干练的气质。但在公休日，她又给自己来了一个大变脸，化起了久违的"青春少女妆"：粉蓝或粉绿、粉红、粉黄、粉白等颜色的眼影，彩色系列的睫毛膏和眼线，粉红或粉橘的腮红，自然系的唇彩或唇油，完妆后身心备感轻松。心情好，自然工作效率就高。一年来，王芳以自己得体的外在形象、勤奋的工作态度和骄人的业绩，赢得了公司同事的好评。

阅读材料

仪容礼仪的禁忌

忌身上有异味。汗味会使人"敬而远之"。所以，刚出过大汗的人如有可能应换上干净的衣服再往人群中去，或注意与他人保持一定距离，还可在腋下等易出汗的部位涂一点止汗剂。吸烟的人在与人交谈时最好停止吸烟，注意不要过近地与人面对面谈话，吸烟后最好能嚼点口香糖等能去除烟味的食物。不少人是汗脚，所以应注意保持鞋的清洁，皮鞋最好有两双以上，换着穿。有口臭的人，应养成一日刷3次牙的习惯，如一段时间之后仍有口腔异味，应去看医生。

忌脸上总是过于油腻。有的人脸上比较容易油腻，且易长出粉刺，因此要特别注意面部的清洁。不妨选用洗面奶及吸油面纸等，每日早晚各清洁一次，这样既清洁又护肤。

忌头发油腻脏乱。油腻脏乱的头发会对人的精神面貌产生很大的负面影响。因此，应定期清洗头发。

第二章 规范举止塑形象

第二节 仪态礼仪

任务目标

1. 表现出良好的仪态，站姿、坐姿、走姿符合标准。
2. 在交际中能恰当有效地使用眼神。
3. 具备具有亲和力的微笑。
4. 熟练运用规范的手势语。

仪态包括人们在交往活动中所表现出的表情、神态、姿态和动作。它是一个人的风度和教养的重要表现。一个人相貌再好，衣着打扮再漂亮，如果举止粗野，动作傲慢，则会遭人厌恶；反之相貌一般的人若气质高雅，仪态端庄则给人亲切感，会给人留下美好的印象。因此，良好和得体的仪态在人际交往中同样存在"魅力效应"，仪态对个人魅力的形成具有重要作用。

在人际交往中，身体姿态的调整与变化，往往涉及礼貌、个人风度和教养等几个方面的问题。正确而优雅的姿态能给人留下美好印象，不正确、不得体的姿态则会显得不文雅，甚至失礼。

一、站姿

（一）规范站姿的基本要求

① 头要正，下颌微收，梗颈，肩要并，并微向后张，双肩自然下垂。

② 要挺胸，收腹，立腰，夹臀前送。

③ 在正式的场合，双臂在体侧自然下垂，五指并拢，自然微屈，中指压裤缝，或者双手在体前相握，右手放在左手上，置于腹前；在非正式的场合，也可以把双手背在身后。

④ 要身体立直。从正面看，身体的重心应在两腿中间，并通过脊柱及头部，要防止重心偏左或偏右。身体重量均匀分布在两个前脚掌。

⑤ 表情要自然，眼睛平视，嘴微闭，面带微笑。

（二）几种站立姿势

① 标准站姿，应身体正直站立，双臂置于身体两侧，双腿自然并拢，双膝靠紧，两

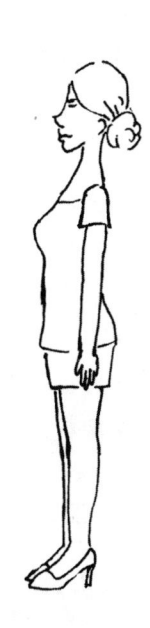

> 礼貌使有礼貌的人喜悦，也使那些受人以礼貌相待的人们喜悦。
> ——孟德斯鸠

脚跟并拢，两脚呈 V 形。

② 身体立直，双手在体前相握，左手放在右手上，置于腹前，双腿自然并拢，双膝靠紧，两脚跟并拢，两脚呈 V 形。此外，女士双脚可呈"丁"字形。

③ 身体立直，双手背在体后，两腿左右开立，两脚间距离应比肩宽略窄些。此站姿适于男士。

上述几种仅是基本站姿，日常生活中的站姿可以随便点，如等人或等车时的站姿应是优美的、自然的，不论站立时摆何种姿势，只有脚的姿势和角度在变，手的位置在变，而身体则应保持挺直。

知识链接：不同场合站姿

当站着与人交谈时，如果空着手，则可双手在体前交叉，右手放在左手上。若手上拎着皮包，则可利用皮包摆出优美的姿势。同时要注意，不要双臂交叉，更不能两手叉腰，或将手插在裤袋里或下意识地做小动作，如摆弄打火机、香烟盒等。

当与外宾交谈时，要面向对方站立，且保持一定的距离，太远或太近都是不礼貌的。站立的姿势要正，可以稍弯腰，切忌身体歪斜，两腿分开的距离过大，或倚墙靠柱、手扶椅背等都是不雅与失礼的姿态。

当向长辈、朋友、同事问候或做介绍时，不论握手或鞠躬，双足应当并立，相距约十厘米，且膝盖要挺直。

当身穿礼服或旗袍时，最好不要双脚并列，要让两脚之间前后距离 5 厘米，以一只脚为重心。

当在等车或等人时，两脚的位置可一前一后，并保持 45°，这时的肌肉要放松且自然，但仍要保持身体的挺直。

在日常生活或在办公室内的站姿应力求轻松自然，也可以手扶椅背、桌沿等物，但站立时不论取什么姿势，不论有什么支撑物，脖子、双臂、腰腹和腿的肌肉都应处于微紧张状态，否则你的风度将大打折扣。

在与人做较正式接触或在十分正式的场合，不宜采取日常或在办公室内的站姿，因为他人很容易将你轻松自然的样子误解为松松垮垮或对他人不在意，甚至是失礼。而应始终保持身体直立，两臂下垂的姿势。

在公交车上，如不十分拥挤，要注意站立的姿势，一般不双手扶把杆，不能全身歪扭，也不应叉腿站立或大角度分腿站立，把身体靠在椅背上（尤其是椅子上坐着女士时）或别人的身上都是不礼貌的。在一般的公共场所，站立时不要斜倚，更不能将脚踏在椅凳上或乱踢地上的东西，也不应摇头晃脑或来回扭动身子。

二、走姿

走姿是人在行走过程中形成的姿势，它始终处于动态之中。

（一）标准走姿

① 双目向前平视，微收下颌，面带微笑。
② 双肩平稳前后自然摆动，幅度以 30°~35° 为宜。
③ 上身挺直，头正，挺胸，收腹，立腰，重心稍向前倾。
④ 注重步位，两只脚的内侧落在一条直线上。
⑤ 步幅适当，前脚跟与后脚尖相距为一脚长，可依据着装的需要调整步幅的大小。
⑥ 全脚掌着地，膝和脚腕不可过于僵直。
⑦ 停步、拐弯、上下楼梯时，应从容不迫，控制自如。

（二）男士走姿

要抬头挺胸，稳健有力，显示出刚强、雄健、英武、豪迈的阳刚之气。

（三）女士走姿

收腹，摆动幅度小，走成直线，步态自如、均称、轻盈，显示出女性庄重、优雅的阴柔美。

案例分析

"叮铃铃"，终于下课了。小明急忙跳下座位一把拉上好朋友小强准备夺门而出时，小强一把拦住小明说："慢点走，人多别挤！"小明虽然放慢了脚步但在心里嘀咕：又不是小孩，还能碰着咋的。刚走出教室门，小明又像往常一样拔腿就跑，小强又拉住小明指着楼道墙上的一个牌子说："看，楼道警示牌上写着'轻声慢步过楼道'，我们应慢点走！"小明说了声："胆小鬼，怕什么！"一个箭步往下就冲。"哎呀"一声，小明和上楼的一位小同学撞了个满怀。

这则故事中小明什么地方做错了，他应该怎样做？

三、坐姿

案例分析

被"抖掉"的合同

有一位美国华侨，到国内洽谈合资业务，洽谈了好几次，最后一次来华之前，他曾对朋友说："这是我最后一次洽谈了，我要跟他们的最高领导谈，谈得好，就可以拍板。"过了两个星期，他又回到了美国。朋友问："谈成了吗？"他说："没谈成。"朋友问其原因，他回答："对方很有诚意，进行得也很好，就是跟我谈判的这个领导坐在我的对面。当他跟我谈判时，不时地抖着他的双腿，我觉得还没有跟他合作，我的财都被他'抖掉'了。"

礼貌使有礼貌的人喜悦，也使那些受人以礼貌相待的人们喜悦。
——孟德斯鸠

坐要有坐相，这是礼仪规范的基本内容之一。良好的坐相能够较准确地反映一个人的教养程度，能够为人增添几分风度。俗话说"坐如钟"，就是对正确坐姿的形象比喻，即要求坐的姿势应像钟一样端正不斜，给人端庄、舒适和高雅的感觉。对女士坐姿则要求在此基础上，力求表现出温文尔雅、自然轻松的淑女风度，具体如下。

① 坐的基本姿态是上身正直，腰部挺起，下颚回缩，挺胸收腹，双肩放松平放，两眼平视，面带笑容。

② 入座时，应面向椅子约半步后转身，以右腿或左腿后退半步，两手扶着椅子扶手，轻缓平稳地坐下，注意不可猛地坐下；落坐时臀部不要把椅子满坐（约坐椅面的2/3），背部不靠椅子后背。

③ 坐下时，手脚摆放应尽量自然、舒适。两手可自然弯曲放于膝部或放在大腿上，或一只手放在椅子或沙发的扶手上，另一只手放在大腿上（一般不要两手同时放在扶手上）。

男子坐时两脚通常是并拢或稍分开，也可以跷二郎腿，但不可跷得过高，悬空的那只脚尖不能向上跷，更不可鞋底朝人，否则失礼。女子就坐不可跷二郎腿，而应双膝并拢，尤其是在穿裙子的情况下更应如此，也可采取两腿交叠的坐姿；在穿长裤入座时，则可略随便些，既可以两脚稍分开，也可以一脚在前，一脚在后，还可以采取把右脚向前斜放的坐法。

> **知识链接：不同情况下的坐姿要求**
>
> ① 当坐在长辈、上司或必须尊敬的人面前时，上身应微向前倾；若坐沙发，不应长时间仰靠在沙发背上，双臂应自然放在扶手或腿上；腿不应叉开，不应跷二郎腿，腿也不应平直伸开；上身不应过分斜倚在扶手上。
>
> ② 当在正式场合坐下时，也应采取上述坐法。若在场的人与你的地位、年龄等大体相等，则可长时间靠在沙发背上，男士也可跷二郎腿，但不可跷"大二郎腿"（一腿的踝部落在另一腿的大腿上）。
>
> ③ 当在一般社交场合做客或待客时，坐相应尽量注意优雅。若你的年龄在35岁以上，坐的姿态还应注意气派，通常应以二郎腿式为主，双臂可斜放在扶手上；也可跷"大二郎腿"，但鞋应体面，鞋底应干净；双手可交叉相握放在腿上，身体可斜倚在一侧的扶手上。

服装打造一个人，不修边幅的人在社会上是没有影响力的。
——马克·吐温

四、表情

案例分析

有位企业经理讲过这样一件事情："有一回，我同某销售公司经理共进午餐。每当一位漂亮的女服务员走到我们桌子旁边，他总是目送她走出餐厅。我对此感到很气愤，我感到自己受到了侮辱。心里暗想，在他看来，女服务员的两条腿比我对他讲的话更重要。他并没有听我讲话，他简直不把我放在眼里。"

表情是指人的面部情态，即通过面部眉、眼、嘴、鼻的动作和脸色的变化表达出来的内心思想感情。在体态语言中，面部表情最为丰富，且最具表现力，能迅速而又充分地表达各种感情。表情表现的场所和范围相当广泛，只要及时观察脸上呈现的表情特征，就能够准确地接受信息，了解其内心真情实感。

表情反映着人们的内心世界。真诚的微笑和坦诚的眼神就像无声的语言默默地传达着善意的信息。在日常工作和学习中，我们应该使自己的表情神态表现出谦恭、友好、真诚等信息，给自己创造良好的工作和生活环境。

眼睛语言有极强的表现力，内容也极其丰富，它几乎可以反映出人心中的一切感情波澜，能表达出某种信息最细微、最精妙的差异。

在人与人面对面的交往中，信息的交流常以目光的交流为起点。交流过程中，可不断地用目光表达自己的意愿、态度和感情。交流结束时，同样需要用目光做一个圆满的结尾。目光运用得当与否，直接影响到信息传递和交流的效果。

（一）目光

目光运用的礼仪要求：坦然，亲切，和蔼，有神，与人交谈时，目光应与人接触率达50%~70%。

根据场合运用，凝视区可分为3种。

公务凝视区：双眼与额头之间的区域。

社交凝视区：唇心与眼之间的三角区域。

亲密凝视区：双眼到胸之间的区域。

（二）微笑

微笑是一门学问，又是一门艺术。微笑是友善、和蔼、谦恭、融洽、真诚等美好感情的表现。微笑不仅在外表上能给人以美感，而且可以最真实地表达人们的热情与友善之意，甚至能够打破僵局，产生巨大的感染力。在不同的场合、不同的情况下，如果能用

礼貌使有礼貌的人喜悦，也使那些受人以礼貌相待的人们喜悦。

——孟德斯鸠

微笑来面对对方，可以反映出本人高度的修养，待人的至诚，是处理好人际关系的重要手段。微笑也是外交官和企业家的交际手段之一，周恩来总理就被国际友人誉为"微笑外交官"。所以，微笑已成为人际交往中不可缺少的礼节。

微笑的原则：微笑要应发自内心，微笑要适度，微笑要适宜。

微笑的要求：发自内心、自然大方、亲切，眼神、眉毛、嘴巴、面部肌肉等方面动作要协调。

> **知识链接：微笑的功能**
>
> **微笑是促进身体健康的良药**
>
> 一个时常在脸上挂着微笑的人必然少病痛。生物学家研究发现，人在愉快地工作或学习时，血液里没有毒素。因此，保持愉快的心境，脸上时时展露微笑，不仅给他人带来快乐，也促使自己身心健康。一个人如果一天到晚愁眉苦脸，无精打采，那么病魔就会乘机而入，也就谈不上形象了。
>
> **微笑是最好的美容手段**
>
> 让我们站到镜子前去做个试验，看看你是板着脸孔漂亮，还是微笑着漂亮。一个经常微笑的面孔，时间长了就凝固成一张善良温和的面孔，一张人见人爱的美丽面孔；一个时常发愁发怒的面孔，时间长了就凝固成一个让人不喜欢的面孔，一张让人见了就想避开的面孔。
>
> **微笑是团结、协调人际关系的润滑剂**
>
> 任何人都不会拒绝一张笑脸，当你与他产生矛盾时，只要能相互微笑就能使矛盾缓和。世界上不少著名的企业家深知微笑的作用，对微笑给予了很高的评价，奉其为企业的法宝与成功之道。希尔顿集团董事长希尔顿曾经指出："酒店的第一流设备重要，而第一流的微笑更为重要。如果没有服务员的微笑，就好比花园失去了春日的阳光和春风。"
>
> **微笑的训练**
>
> 微笑的基本做法是不发声、不露齿、肌肉放松、嘴角两端向上略微提起，面带微笑，使人如沐春风。生活中，正确运用好微笑应注意：面带笑意，但笑容不可太显著，然后是嘴角微微向上翘起，让嘴唇略呈弧形，最后，在不牵动鼻子、不发出笑声、不露出牙齿的前提下，轻轻一笑。

五、手势

案例分析

> **"总统"的仪态**
>
> 曾任美国总统的老布什，能够坐上总统的宝座，成为美国"第一公民"，与他的仪态表现分不开。
>
> 在1988年的总统选举中，老布什的对手杜卡基斯，猛烈抨击他是"里根的影子"，没有独立的政见。而在竞选初期，老布什在选民中的形象也的确不佳，在民意测验中曾一度落后于杜卡基斯10多个百分点。
>
> 未料2个月以后，布什以光彩照人的形象扭转了劣势，在民意测验中比杜卡基斯高出了10多个百分点，创造了奇迹。
>
> 竞选初期，老布什的演讲不太好，嗓音又尖又细，手势及手臂动作总显出死板的感觉，身体动作不美。后来他接受了专家的指导，纠正了尖细的嗓音、生硬的手势和不够灵活的摆动手臂的动作，结果就有了新颖独特的魅力。在以后的竞选中，布什竭力表现出强烈的自我意识，配以卡其布蓝色条子厚衬衫，以显示"平民化"，改变了原来人们对他的评价，终于获得了最后的胜利。

礼貌使有礼貌的人喜悦，也使那些受人以礼貌相待的人们喜悦。
——孟德斯鸠

（一）会说话的"手"

手是传情达意的最有力工具，正确适当地运用手势，可以增强感情的表达。手势是旅游接待工作中必不可少的一种体态语言，手势语是大有学问的。有的接待人员在服务过程中，手势运用不规范、不明确，动作不协调，给宾客留下了漫不经心、不认真、接待人员素质不高等印象。

手势作为人们交往时采用的重要体态动作，是一种最具有表现力的形体语言，也是最有表现力的肢体语言。手势美是一种动态美，恰当地运用手势来表情达意，不仅可以衬托、强调关键性语句，还能为交际形象增辉。

手能传递的信息很多，手势暗示的情感也不少，如抬手致意，握手友好，拍手称赞，拱手答谢，手托是爱，手捧是敬，挥手是别，手指引路。

手势原则：手势明确，面带微笑，目光与对方交流，态度恭敬而友好。

（二）不同手势的含义

1. ○形手势

○形手势即圆圈手势，19世纪流行于美国。在所有讲英语的国家里，○形手势代表OK，但在法国○形手势代表"零"或"没有"；在日本代表"钱"；在一些地中海国家用来暗示一个男人是同性恋者；在中国这个手势用来表示"零"。

2. 翘大拇指

在英国、澳大利亚、新西兰等国，翘大拇指代表搭车，但如果大拇指急剧上翘，则是侮辱人的信号；在表示数字时，他们用大拇指表示 5。在中国，翘大拇指是积极的信号，通常是指高度的赞扬。

3. V形手势

第二次世界大战期间，英国首相丘吉尔推广了这个手势，表示胜利。在非洲大多数国家也如此。但如果手心向内，在澳大利亚、新西兰、英国则是一种侮辱人的信号，代表 Up yours。在欧洲各地，V形手势也可以表示数字 2。

4. 塔尖式手势

塔尖式手势具有独特的表现风格，自信者、高傲者往往使用它，主要用来传达"万事皆知"的心理状态，是一种积极的肢体语言。

5. 背手

英国皇家的几位主要人物以走路时昂首挺胸，手背身后的习惯而著称于世。显然这是一种拥有至高无上的权威、自信或狂妄态度的人体信号。将手背在身后还可起到一定的"镇定"作用，使人感到坦然自若，还会赋予使用者一种胆量和权威。

阅读材料

仪态礼仪的禁忌

站姿禁忌

① 站立时，切忌东倒西歪，无精打采，懒散地倚靠在墙上、桌子上。

② 不要低着头、歪着脖子、含胸。

③ 不要将身体的重心明显地移到一侧，只用一条腿支撑着身体。

④ 不要下意识地做小动作，如腿不由自主地抖动，用手摆弄头发、手帕、打火机、笔等。

⑤ 在正式场合，不要将手插在裤袋里面，切忌双手交叉抱在胸前，或是双手叉在腰部。

男子双脚左右开立时，注意双脚之间距离不可过大，站立时注意不要一站三道弯，挺腹翘臀。女士站立时尤其要注意不要让臀部撅起。

走姿禁忌

① 方向不定，忽左忽右，变化多端，手插口袋。

② 摇晃肩膀，低头驼背，扭腰摆臀。

③ 瞻前顾后，左顾右盼。

④ 速度多变，忽快忽慢。

⑤ 脚蹭地面，发出声响。

⑥ 内八字和外八字步伐。

服装打造一个人，不修边幅的人在社会上是没有影响力的。
——马克·吐温

坐姿禁忌

① 不要满座，不要抢座，频繁变换坐姿。

② 双腿不能抖动，脚不能伸出过远，脚尖朝上。

③ 不可将整个人陷入沙发里，女士坐姿不可将双膝分开，或大腿并拢而小腿分开。

④ 双手抱在胸前或脑后，或夹于大腿中间。

目光运用的禁忌

① 目光注视的时间不可过长，可偶尔将视线移开一下，但不得移开太久。

② 不能死盯着对方某部位，或不停地在对方身上上下打量，或东张西望。

③ 谈话时眯眼、斜眼、闭眼，眼神游离不定，目光涣散，都是最忌讳的。

④ 当别人难堪时，不要去看他；交谈休息时或停止谈话时，不要正视对方。

⑤ 女子说话时一般不要牵动眉眼、频繁眨眼、挤眉弄眼、目光游离等。

手势禁忌

① 将手指指向别人，或将拇指指向自己的鼻尖，意味着自大或藐视对方。

② 不宜掌心向下挥动手臂，勾动手指招呼别人，双手叉腰，指手画脚。

③ 折压手指发出声响，打响指等。

第三节 仪表礼仪

任务目标

1. 根据自身的特点及社交场合的不同，有针对性地选择合适的服饰。
2. 男士如何正确着装。
3. 女士如何正确着装。
4. 着装注重和谐及色彩搭配合理。
5. 得体地佩戴各种饰物。

> 礼貌使有礼貌的人喜悦，也使那些受人以礼貌相待的人们喜悦。
> ——孟德斯鸠

案例分析

某公司招聘文秘人员，由于待遇优厚，应聘者如云。中文系毕业的小李同学前往面试，她的背景材料可能是最棒的：大学4年中，在各类刊物上共发表了3万字的作品，内容有小说、诗歌、散文、评论、政论等，还为6家公司策划过周年庆典；一口英语表达也极为流利，书法也堪称佳作。小李五官端正，身材高挑、匀称。面试时，招聘者拿着她的材料等她进来。小李穿着迷你裙，露出藕段似的大腿，上身是露脐装，涂着鲜红的唇膏，轻盈地走到一位考官面前，不请自坐，随后翘起了二郎腿，笑眯眯地等着问话。孰料，3位招聘者互相交换了一下眼色，主考官说："李小姐，请下去等通知吧。"她喜形于色："好！"挎起小包飞跑出门。但她一直没有等到被录用的通知。

服饰在个人形象里处于重要地位。在日常工作和交往中，尤其是在正规的场合，穿着打扮的问题越来越引起现代人的重视。从这个意义上讲，服饰礼仪是人人皆须认真去考虑、面对的问题。

一、男士服饰

案例分析

小张是一位很帅气的小伙子，穿着很讲时髦。一次，他买了一件很漂亮的大衣，正好周末本单位举行舞会，他便来到会场，只见人们都在翩翩起舞，小张兴致很浓，便邀请一位在座位里休息的女士跳舞，那位女士看了他一眼，很礼貌地拒绝了他。接着，小张又邀请了另外两位女士跳舞，结果均被拒绝。这时，一位朋友来到小张身边，拍拍他说："小张，不能穿着大衣邀请女士跳舞，这是不礼貌的。"小张这才明白刚才为什么被拒绝。

（一）男士服装的颜色搭配原则

记住3种颜色：白色、黑色、米色。

这3种颜色被称为"百搭色"。也就是说它们和任意的颜色搭配都是合理的，因此购买服饰的时候如果不知道选什么颜色好，那么选这3种颜色将不会出错。还有男士正装的色彩应该是深色系的。

着正装讲究合身，衣长应盖住臀部，标准的尺寸是从脖子到地面的1/2长；袖子长度以袖子下端到拇指11厘米最为合适；衬衫领口略高于西装领口；裤长不露袜子，以到鞋跟处为准；裤腰前低而后高，裤型可根据潮流选择，裤边不能卷边。这些都是穿西装的基本搭配，体现正装的规范性。

（二）整体服饰搭配的三色原则

三色原则是在国外经典商务礼仪规范中被强调的，国内著名的礼仪专家也非常重视这一原则。简单说来，"三色原则"就是男士身上的色系不应超过3种，很接近的色彩视为同一种。

对于附件来说，男士的皮带、皮鞋和公文包，应当属于同一种颜色。黑色是这些皮具的最佳选择。

深色的西服和浅色的皮鞋是不适宜的组合，但是浅色的西服搭配深色的皮鞋并不失格。

袜子一定要和西裤与皮鞋融为一体，不能"格外耀眼"。

着正装的职场男士宜留短发。在中国的审美观看来，男士不可染发。除非您是从事娱乐和艺术行业的。

> **阅读材料**
>
> #### 颜色搭配
>
> 通常，衬衫的颜色应该与领带上次要颜色中的一种相配。一般而言，领带上的图案应该比衬衫上的更显眼。有时可以选择图案都很鲜明的衬衫和领带，但千万不要让衬衫上的图案压过领带上的。如今，在衣着上十分流行色调一致的单色搭配。如果你想时髦一把，不妨试试同一色调的衬衫和领带。在这种搭配中，领带的颜色应该比衬衫的颜色暗，但它们也可以是完全相同的颜色。
>
> 白色或浅蓝色衬衫配单色或有明显图案的领带是永不过时的搭配，而且适合任何场合。
>
> 颜色搭配具体应注意以下几点。
>
> ① 黑色西服，穿以白色为主的衬衫和浅色衬衫，配灰、蓝、绿等与衬衫色彩协调的领带。
>
> ② 褐色西服，可以配暗褐、灰、绿和黄色领带，穿白、灰、银色和亮色的褐色衬衫。
>
> ③ 灰西服，可配灰、绿、黄和砖色领带，穿白色为主的淡色衬衫。
>
> ④ 蓝色西服，可以配暗蓝、灰、胭脂、黄和砖色领带，穿粉红、乳黄、银灰和亮蓝色的衬衫。
>
> ⑤ 暗蓝色西服，可以配蓝、胭脂红和橙黄色领带，穿白色和亮蓝色的衬衫。
>
> ⑥ 绿色西服，可以配黄、褐色和砖色领带，穿亮色的银灰、蓝色、褐色和银灰色衬衫。
>
> **商务西装的搭配技巧**
>
> 西装：适合稳重的颜色，如棕灰色、深咖啡色等。注意：如果穿不是自己色系（自己色系：主要指人的妆容和穿着并不只是由你的肤色决定的，它是由你整个头面部的整体色彩规律决定的，包括你与生俱来的头发、眼睛、皮肤的

礼貌使有礼貌的人喜悦，也使那些受人以礼貌相待的人们喜悦。
——孟德斯鸠

颜色，也可以叫作人的固有色特征，共分为深、浅、冷、暖、净、柔几大种类型。）的西装时，衬衫、领带必须是适合自己色系中的颜色。

衬衫：适合略深一些的颜色，如橄榄绿、棕酒红等。

领带：适合略微鲜艳的棕色等。

搭配技巧：西装、衬衫与领带遵循渐变搭配技巧。

适合场合：商务会议、商务会见、出访、谈判、演讲等正式严肃的场合。

休闲西装的搭配技巧

西装：适合色群中浅淡或略微鲜艳的颜色，如绿玉色、卡其色等。

衬衫：适合鲜艳的颜色，如绿松石蓝、芥末黄等。

搭配技巧：休闲西装与衬衫适合渐变搭配，也适合对比搭配；休闲西装与长裤遵循渐变搭配。

适合场合：春夏季节休闲场合，如商务旅行、非正式的私人约会与私人聚会、娱乐活动。

T恤的搭配技巧

T恤：适合浅淡或鲜艳的颜色，如绿松石蓝、绿玉色等。

长裤：适合色群中浅淡或略微稳重的颜色，如牡蛎色、卡其色等。

搭配技巧：休闲T恤、休闲长裤遵循渐变搭配技巧。

适合场合：春夏季节休闲场合或高雅的运动场合，如休闲购物、打高尔夫球、娱乐活动、旅行、旅游等。

运动装的搭配技巧

衬衫T恤：衬衫与圆领T恤适合鲜艳、具有运动感的颜色，如绿松石蓝、芥末黄等。

短裤：适合色群中浅淡或稳重一些的颜色，如棕灰色等。

搭配技巧：短裤与衬衫适合渐变搭配，衬衫与圆领T恤适合对比搭配来体现服装的运动气息。

适合场合：春夏季节休闲、运动场合，如娱乐活动、旅游、登山、各种球类活动等。

大衣的搭配技巧

大衣：大衣、风衣的颜色以保守、稳重的颜色为主；以与所穿的西装（套装）颜色反差不大为最佳，如深灰色、深咖啡色等。

围巾：适合能对大衣起点缀作用，但不十分显眼的颜色，如哔叽色、棕色等。

搭配技巧：大衣与围巾适合渐变搭配，也适合小面积对比搭配。

适合场合：秋冬季节正式场合，如出席各类重要的商务活动、访问客户等。注意：在进入办公室或会议厅前要将大衣、风衣、围巾脱下，拿在手上。

二、女士服饰

案例分析

有位女职员是财税专家,她有很好的学历背景,常能为客户提供很好的建议,在公司里的表现一直很出色。但当她到客户的公司提供服务时,对方主管却不太重视她的建议,她发挥才能的机会也就不大。一位时装大师发现,这位财税专家在着装方面有明显的缺憾:她26岁,身高147厘米、体重43千克,看起来机敏可爱,喜爱着童装,像个16岁的小女孩,其外表与她所从事的工作相去甚远,所以客户对她所提的建议缺少安全感、信任感,以致她的建议难以被采纳。时装大师建议她用服装来凸显自己的专家气质:用深色的套装,对比色的上衣、丝巾、镶边帽子来搭配,甚至戴上重黑边的眼镜。女财税专家照办了,结果,客户的态度有了较大的转变。很快,她成为公司的董事之一。

巴尔扎克在《夏娃的女儿》中说:"衣着对于女子是一种语言,一种象征,一种内心世界的直接表达,反映对一个时代的态度。说话是有场合的,穿衣也要有场合,说话要清楚,自信,有品位;穿衣表达也要整洁,大方,有尊严。"良好的职业形象可以增加竞争实力,形象对女性来说非常重要,一个好的外在形象、有品位的装扮、得体的谈吐会让别人对你有个很好的印象。服装是女人的第一张名片,衣着往往有着左右事业的力量。随着社会的发展,形象的包装已不再是明星的"专利",普通职场人士对自己的形象也越来越重视,因为好的形象可以增加一个人的自信,对个人的求职、工作、晋升和社交都起着至关重要的作用。同时,作为一位优秀的职业女性,职业着装、社交着装、服饰礼仪、举止礼仪、谈吐细节方面的要求就更高。职业女性为提升女性自身的品位、素养,在职业范畴及社交方面,通过外在的形象包装,突出自己的内在优点,为自己增值,踏上成功之路!

案例分析

一位女推销员在美国北部工作时,一直都穿着深色套装,提着一个男性化的公文包。后来她调到阳光普照的南加州,她仍然以同样的装束去推销商品,结果成绩不够理想。于是,她改穿颜色浅的套装和洋装,换了一个女性化一点的皮包,使自己有亲切感。着装的这一变化,使她的业绩提高了25%。可见,随着社会经济、文化的发展,如何得体的穿着已成为一门大学问。就求职或在职的女性而言,服装风格的第一个原则是得体。尤其在工商界、金融界和学术界,打扮过于时髦的女性,并不吃香。人们对着装过于花哨怪异者的工作能力、工作作风、敬业精神、生活态度,一般都会持怀疑态度。

> 礼貌使有礼貌的人喜悦,也使那些受人以礼貌相待的人们喜悦。
> ——孟德斯鸠

女士着装礼仪作为一门艺术，已经普遍受到人们的重视。对于女士来说，懂得如何得体地着装，显得越来越重要。女性要根据自己的体形、肤色、脸型来选择适合自己的服装，这样一来服装就可以起到扬长避短、修饰美化的作用。通常来说，女性着装要考虑以下3个方面的因素。

（一）女性着装要与身材相配

服装的款型应与自己的身材相协调，这样才能体现出女性特有的美感。例如，个子高大的女性，适宜穿大方得体、质地柔软的衣服；身材矮胖的女性，适合穿深蓝色条纹的衣服，以增强收缩感；身材高瘦的女性，适合穿浅色服装；身材瘦小的女性，适合穿紧身上衣和长裤。此外，肩宽者适合穿运动服。服装色调的选择也要考虑体形。通常来讲，身体胖的女性，适合穿着明亮度较低的深色调衣服，就会显得苗条；身材矮小者，穿明亮度较高的浅色调衣服，则会显得身材丰满。对于体形有缺陷的女性，还可以采用花色面料适当修饰、遮掩体形。例如，女士腿型不美，适宜穿素衣花裙；上身单薄者适合穿花衣素裙。

（二）女性着装要与色彩相配

皮肤白皙的女性，穿上鲜丽明亮的衣服能营造出白里透红的审美效果，给人非常健美的感觉；穿深色衣服可使其气质更加优雅。皮肤较黑的女性，穿色彩明亮的衣服，可以使肤色发亮，富有光泽。在选择服饰颜色时，要避免穿一些黑绿色、深褐色、纯黑色或紫色之类的模糊色彩。可以选择深蓝色的连衣裙，这样显得很和谐。也可以用一种颜色的不同色调来巧妙搭配，如红色配紫色，墨绿色配浅绿色，咖啡色配米黄色等。从整体来看，如奶黄色上衣配棕黄色裤子或裙子，再配奶黄色或白色皮鞋，这样的搭配就能给人一种端庄、稳重、高雅的感觉。

一般而言，同色搭配需掌握的原则是：上明下暗，上浅下深。奶黄与橙黄、绿与蓝、绿与青紫、红与橙黄等色彩相互搭配时，两种颜色的明度、深度必须错开，深蓝和浅绿色搭配在一起则比较和谐；若鲜绿色裙子与鲜黄色上衣相配，就会显得特别刺眼；若一件深绿色裙子与淡黄色上衣相配，就显得美观大方。以单色为主色调的色彩搭配同样能产生较佳的效果。红色与黑色相配，会充分表现出红色的雍容华贵，若在套装上出现，这能使人感觉到亲切典雅。红色与褐色和橄榄色相配，成熟女性的魅力可以展现出来；橙色与黑色搭配，能给人强烈印象，有时髦和典雅之效，能够引人注目；白色有时会显得清新悦目，适宜在秋冬两季的休闲场合穿；粉红色与黑色搭配显得高贵大方而富有神秘感，与灰色搭配则显得妩媚动人，魅力四射；黄色与黑色的搭配能产生一种独特的都市效果。

女士在正式场合穿的正装，通常要遵循"三色原则"。这个原则要求正装的色彩在总体上应以少为宜，将其控制在3种色彩之内是最佳的选择。

（三）女性着装要与人群相配

女性要在不同身份的人面前穿不同的服装。在工程师、管理人员、学者前应穿整体感较强的衣服。因为这些人一般追求完美，和谐与统一的美感是他们所追求的。他们对于整体感较强的衣服（如套装、单色的外套）比较偏爱，并不喜欢花里胡哨的穿着打扮。在艺术家面前，女性的穿着要显示出自己的魅力。因为艺术家颇爱富有表演魅力的女性。例如，穿着蜡染的服装及很有韵味的服装，都可以深受艺术家的青睐。"爱美之心，人皆有之。"对于女性来说，更是如此。巧妙得体的着装能够扮靓女性的人生，使她们很自信地昂起头，在人生的征途中大踏步向前迈进。

三、配饰

案例分析

被淘汰的小黄

小黄去一家外企进行最后一轮总经理助理的面试。为确保万无一失，这次她做了精心的打扮。一身前卫的衣服、时尚的手环、造型独特的戒指、亮闪闪的项链、新潮的耳坠，身上每一处都是焦点，简直是鹤立鸡群。况且她的对手只是一个相貌平平的女孩，学历也并不比她高，所以小黄觉得胜券在握。但结果出乎意料，她没有被这家外企所聘用。面试官抱歉地说："你确实很漂亮，你的服装配饰无不令我赏心悦目，可我觉得你并不适合干助理这份工作，实在很抱歉。"

1. 数量规则

数量以少为好，如果想同时佩戴多种首饰，最好不要超过3种。

2. 色彩规则

如果佩戴两件或两件以上的首饰，要求色彩一致。

3. 质地规则

戴镶嵌首饰时，要让镶嵌物质地一致，托架也要力求一致。高档饰物，特别是珠宝首饰，适用在隆重的社交场合，在工作或休闲时佩戴，就显得过于张扬。

4. 身份规则

选戴首饰时，要考虑个人爱好，还要和自己的性别、年龄、职业、工作环境保持基本一致，而不要相差太多。

5. 体型规则

选择首饰时，要充分正视自身的形体特点，努力使首饰的佩戴为自己扬长避短。

6. 季节规则

金色、深色首饰适合冷季佩戴，银色、淡色首饰适合暖季佩戴。

7. 搭配规则

要兼顾衣服的质地、色彩、款式，并使它们在视觉上协调和谐。

8. 习俗规则

少数民族的首饰佩戴以多为美、以重为美。苗族人偏爱银饰，是因为她们视银或银饰为财富的标志。

阅读材料

职业女性着装禁忌

① 过分时髦。现代女性热爱流行的时装是很正常的现象，即使你不去刻意追求流行，流行也会左右你。有些女性几近盲目地追求时髦。例如，有家贸易公司的女秘书在指甲上同时涂了几种鲜艳的指甲油，当她打字或与人交谈时，都给人一种厌恶感。一个成功的职业女性对于流行的选择必须有正确的判断力，同时切记：在办公室重要的是表现工作能力而非赶时髦的能力。

② 过分暴露。夏天的时候，许多职业女性便不怎么注重自己的身份，穿起颇为性感的服装。这样你的才能和智慧便会被埋没，甚至还会被看成轻浮。因此，再热的天气也应注意自己仪表的整洁、大方。

③ 过分正式。这个现象也是常见的。其主要原因可以说是没有适合的服装。职业女性的着装应平淡朴素。

④ 过分潇洒。最典型的样子就是一件随随便便的T恤或罩衫，配上一条泛白的"破"牛仔裤，丝毫不顾及办公室的规则。这样的穿着可以说是非常不合适。

⑤ 过分可爱。在市场上有许多可爱俏丽的款式，也不适合工作中穿着，否则会给人轻浮、不稳重的感觉。

知识链接：配饰要与服装匹配

帽子：帽子的选择要根据人的性别、年龄、职业等，特别是要同脸型相配。长瘦脸型戴鸭舌帽会显得脸部上大下小，胖圆脸戴鸭舌帽就比较合适。

手套：手套不仅御寒，而且是衣服的重要饰件。手套颜色要与衣服的颜色相一致。穿深色大衣，适宜戴黑色手套。女士在穿西服套装或时装时，可以挑选薄纱手套、网眼手套。女士在舞会上戴长手套时，不要把戒指、手镯、手表戴在手套外，穿短袖或无袖上衣参加舞会，一定不要戴短手套。

围巾：围巾的装饰作用越来越突出。可以根据场合、服装和当天的化妆、发型来选配围巾的色泽和款式。

> 服装打造一个人，不修边幅的人在社会上是没有影响力的。
> ——马克·吐温

第二章 规范举止塑形象

皮包：手提式皮包通常适用于职业妇女，常用于社交场合。手提包的颜色要与季节、服装、场合、气氛相协调。正规场合应用羊皮、鼠皮、鳄鱼皮等珍贵材质的手提包。

首饰：色彩鲜艳的服装可配单纯而含蓄的饰品，色彩单调沉稳的服装宜选择鲜明而多变的饰品。例如，棕色套裙配透明的琥珀手镯和胸针，白西装套裙配镶嵌黑亮珠饰的项链和耳饰。对男士来说，也要根据西装的颜色选择适宜的领带夹。

配饰与服装在材料、工艺、档次上要相协调。此外，配饰与服装在款式造型上也要统一。一般宽松的衣服配粗犷、松散的饰品；紧身显露体形的服装，则配结构紧凑、细小的饰品。

实训环节

1. 对照本章所讲的礼仪知识，寻找我们身边不符合规范举止的现象，并给出改正建议。
2. 结合本校的实际情况写一封倡议书，倡议同学要做到仪容仪表得体、规范举止。
3. 设计几条让同学们规范举止塑形象的宣传语（突出原创性）。

微课天地

规范举止塑形象

> 礼貌使有礼貌的人喜悦，也使那些受人以礼貌相待的人们喜悦。
> ——孟德斯鸠

第三章
公共场所显魅力

礼仪周全能息事宁人。
——儒贝尔

引导案例 你不仅仅是你

中国游客小学生丁某某因其2013年到埃及千年神庙参观时在一件3 000年前的文物上刻汉字"到此一游"而"爆红"网络。丁某某是谁？网友人肉搜索，曝光其详细身份资料：丁某某，南京人，1999年10月20日生，时年15岁，小学毕业于南京市某某小学。经媒体报道后，在旋涡中的丁某某和他的父母，在这强大的舆论压力下，接连道歉、检讨。说实话，当时大家看到报道时，心里都很是气愤，这是中国人的耻辱。但另一方面，丁某某是个不谙世事的孩子，为此事件买单的应是他的父母、学校、社会、组织埃及游的旅行社、现场的导游，甚至媒体。让犯错的孩子承受如此大的压力，后果会非常严重，这里不必多说。

类似上述事件，不止丁某某一人，在此之前更大有人在。如果媒体早有报道，对广大国人进行公德教育；家庭、社会注重对孩子思想道德素质的培养；旅行社对丁某某等游客尽了充分的告知义务；当时的导游、领队如能及时制止等，这样遗憾的事件就不会发生。

让大家都从"丁某某"事件中吸取沉痛教训，不再发生类似事情，因为走出国门我们代表的是一个国家，一个民族，更希望每一个人都成为一名宣讲历史文化、弘扬人类文明、保护文物遗迹的志愿者。

在大家身边有那么一群人，当他身为游客的时候，总是依着自己的兴致，随地吐痰、吐口香糖、踩踏草坪、在文物上乱写乱涂；当他是市民的时候，又是对随地吐痰、乱写乱画的现象深恶痛绝；当他乘坐公共汽车的时候，总是为能抢到座位而沾沾自喜，挤到、踩到别人的时候从来不屑说对不起；当他被人挤到或踩到的时候，总是对对方不说声抱歉的话而耿耿于怀，甚至拳脚相加；当他是老人的时候，站在晃晃悠悠的车上，总是渴望能有人为站立不稳的自己让个座。

随着经济社会的不断发展，公共生活领域逐步扩大，成为人类生活的重要组成部分。特别是现代社会，经济全球化、现代交通工具的发展、高科技传媒手段的普及和运用、信息技术及互联网的发展和实现，都极大地促进了人与人的交往，使公共生活发生了前所未有的变化，公共生活在人类生活中具有越来越重要的作用。随着经济社会的发展，公共生活场所在不断扩大。从传统的公交车、影剧院、集体宿舍、风光游览区到新兴的证券交易所、人才市场及网络虚拟世界等，从传统的"熟人社会"往开放的"陌生人社会"转变，我们交往的内容越来越广泛复杂。我们也走出国门，不同的民族、不同的国度有不同的风俗禁忌，因此我们要在公共生活中学会遵循公共生活准则，否则会闹出不愉快的事情。如果每位公民在公共场所都能遵守公共礼仪，那么我们就会为社会公众创造一个高质量的生活环境。让我们从细节做起，遵守公共礼仪，在公共场所展示魅力。

礼者，人道之极也。

——荀子

第一节 出行礼仪

任务目标

1. 遵守行路的规范要求。
2. 了解并遵守乘坐交通工具时的礼仪规范。
3. 做到旅游观光文明出行，展示良好精神风貌。
4. 对出国旅游禁忌有所了解，防患于未然。

一、行路

一个人在日常工作、学习和社会生活中，离不开乘车走路。在出行的时候，不论是上学读书，上街购物，还是出门访友，漫步散心，同样包含着一系列的礼仪要求，同样需要注意讲求公德礼仪。

（一）遵守法规，各行其道

行走要遵守行路规则，步行要走人行道，不走自行车或机动车道。过马路要走人行横道（斑马线），如果是路口，一定要等绿灯亮了，再看两边没车时才通过。按照交通指示灯和标志、标线行走。过路应当请年长者、女士和未成年人走在离机动车道较远的内侧。多人并行应主动避让他人。不翻越道路交通隔离护栏，以免影响交通和发生危险。

案例分析

一起事故，两条生命

2011年12月，孙某行经北京市海淀区某路口，交通指示灯由黄转红。赶时间的孙某未多加注意即向前行，被右侧驶来的小轿车当场撞成重伤，医治无效死亡。孙某本来是要为罹患急性粒单核细胞白血病的母亲进行骨髓移植。不久，因未能再找到合适的骨髓配型，孙母离开人世。最终，法院认定孙某因违反交通灯指示行走是导致事故发生的主要原因，判决其自担70%的民事责任。

（二）相互礼让，言语文明

行人之间要互相礼让，马路上车水马龙，人来人往，摩肩接踵，因此要提倡相互礼让。遇到老、弱、病、残、孕要照顾他们。在人群特别拥挤的地方，要有秩序地通过，万一不小心撞了别人或踩着别人的脚，要主动道歉。如果是别人踩了自己的脚或碰掉了自己的东西，应表现出良好的修养和自制力，切不可口出恶言，厉声责备，如"干什么？！""你没长眼睛啊！"之类的粗言，而应该宽容和气地说"慢一点，别着急"。不然言语不和易造成不必要的冲突，甚至发生难以想象的后果，我们切记遇事要冷静，相互礼让，用语文明。

案例分析

仅因走路不小心相撞，继而言语冲突，甘肃省宕昌县女子云某用脚踹踢、扔石头的方法将对方孟某殴打致死。日前，经某市人民检察院提起公诉，该市市中级人民法院以故意伤害罪判处云某有期徒刑15年，赔偿附带民事诉讼原告人丧葬费19 566元。

某市人民检察院指控，2014年2月16日，云某从宕昌乘车到某市走亲戚。由于路黑，两人在凌晨走路不小心相撞，言语不和，发生纠纷，两人相互撕扯中致孟某面部、鼻子受伤出血。后两人经路人劝说到医院治疗时，再次发生言语冲突，云某捡起石头先后击中孟某的面部和头部，致孟某倒地后，云某逃离了现场。7日后，孟某经抢救无效后死亡。随后，云某向宕昌县公安机关投案自首。

一言不合，拳脚相向，酿成惨剧。如果与人发生冲突时人们都心平气和、相互礼让，很多问题都可以避免。古语云"退一步海阔天空，忍一时风平浪静"说的就是这个道理。

（三）路遇熟人，热情有度

走路遇到熟人，应主动打招呼或进行问候，不能视而不见，把头扭向一边，擦肩而

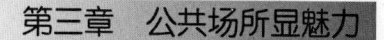

过。如果在路上碰到久别重逢的朋友，想多交谈一会儿，应靠边站立，不要站在路当中或拥挤的地方，以免妨碍交通，增加不安全的因素，给他人增加不必要的麻烦。

（四）步态端正，举止文雅

走路要目光直视，不要左顾右盼、东张西望。男性遇到不相识的女性，不要久久注视，甚至回头追视，显得缺少教养。走路的姿势是个人精神风貌的体现，因此我们要时时留意自己的走路姿势。正确的走姿是：挺胸抬头，不驼背含胸，乱晃肩膀；目光要自然前视，不左顾右盼、东张西望。

走路时不要边走边吃东西。这既不卫生，又不雅观。如果确实是肚子饿或口渴了，应停下来，在路边找个适当的地方，吃完后再赶路。走路时要注意爱护环境卫生，不要随地吐痰、随手抛弃脏物。动作虽小但是却可以反映一个人的修养水平。

（五）问路有礼，乐于助人

出门在外难免不知道道路，这就需要向他人问路。向他人问路时，宜主动走近对方并与之保持适当的距离，并根据对方年龄、性别等特征恰当地予以尊称（切忌使用一些不恰当的称呼，如"老头儿""喂"等），在对打扰对方表示歉意后，清晰简明地说明自己的意图。得到答复后，应表示谢意。如果对方表示不清楚或不确定，也应表示谢意，并转问他人，不可纠缠不已。如果遇他人问路也应该热情指点，给予对方帮助，实在不知应如实告知对方。接受他人问路时，要注意倾听对方请求，指明交通线路或需乘坐的交通工具；如果口头表达不清，可征得对方同意后带路。自己不清楚或不确定的，应致歉意，并代为请其他人予以帮助。不可把他人招呼到自己跟前问路，不可对他人问路不理不睬或漫不经心随意指路，更不可指错路。

案例分析

> **"五里"和"无理"的故事**
>
> 有个年轻人骑马赶路，眼看已近黄昏，可是前不着村，后不着店。正在着急，忽见一位老汉路过，他便在马背上高声喊道："喂！老头儿，离客店还有多远？"老人回答："五里！"年轻人策马飞奔，急忙赶路去了，结果一口气跑了十多里，仍不见人烟。他暗想，这老头儿真可恶，说谎骗人，非得回去教训他一下不可。他一边想着，一边自言自语道："五里、五里，什么五里！"猛然，他醒悟过来了："五里"，不是"无礼"的谐音吗？于是掉转马头往回赶。碰上了那位老人，急忙翻身下马，亲热地叫了声："老大爷！"话没说完，老人便说："客店已走过头了，如不嫌弃，可到我家住一宿。"可见，问路应该讲礼貌。

礼者，人道之极也。——荀子

39

小·资料:《中华人民共和国道路交通安全法实施条例》

第四节 行人和乘车人通行规定

第七十四条 行人不得有下列行为:

(一)在道路上使用滑板、旱冰鞋等滑行工具;

(二)在车行道内坐卧、停留、嬉闹;

(三)追车、抛物击车等妨碍道路交通安全的行为。

第七十五条 行人横过机动车道,应当从行人过街设施通过;没有行人过街设施的,应当从人行横道通过;没有人行横道的,应当观察来往车辆的情况,确认安全后直行通过,不得在车辆临近时突然加速横穿或者中途倒退、折返。

第七十六条 行人列队在道路上通行,每横列不得超过2人,但在已经实行交通管制的路段不受限制。

二、乘坐公共交通工具

案例分析

70后大姐脱鞋脚臭熏倒90后女子,两人火车上互殴

乘坐交通工具,注意个人及公共卫生很重要。尤其是乘坐密闭的特快列车,更是要注意。2015年9月19日晚上,在北京西开往重庆北的T9次列车上,一位中年大姐脱鞋产生异味,引起对面的年轻女子不满,结果竟然引发双方大打出手。

女子提醒引来言辞侮辱

19日晚9点左右,T9次列车3号车厢,从安阳站开出后不久,90后乘客张女士突然闻到一股脚臭味。她发现是对面的一位中年大姐脱了鞋,由于气味实在难闻,张女士便提醒这位大姐把鞋穿上。

这位70后的大姐姓刘,面对张女士的善意提醒,她并没有理睬,依旧我行我素。见对方不理,张女士只好用卫生纸把鼻孔堵住。然而,这个举动却引起了刘大姐的反感。

"她骂了一句很脏、很难听的话。"张女士回忆,听见刘大姐的言辞侮辱,她立即将自己携带的靠枕扔了过去。不过,并没有砸中。刘大姐则一下子扑了过来,抓着张

女士的头发扭打在了一起。

乘警到场成功调解

"打架了！打架了！"张女士和刘大姐动手后，周边的乘客立即大声呼喊，并试图拉开两人。3号车厢的列车员得知情况后，立即通知乘警到场。

乘警来到3号车厢，此时，刘大姐正抓扯着张女士的头发，而张女士的脸上也有抓伤的痕迹。乘警立即将两人分开，并分别展开调查。首先，乘警对两人在列车上的打架行为进行了批评教育，然后依法对当事双方进行调解。两人均认识到了自己的错误，最后达成调解协议，刘大姐向张女士口头道歉并赔偿1 500元医疗费。

这个案例给我们以提醒，旅客在火车站候车及乘坐列车时，应注意举止文明，主动遵守社会公德，维护公共场所秩序。在乘坐列车过程中，由于车厢环境密闭，旅客应注意个人及公共卫生，并保持平和心情，如有其他影响个人乘车的状况请及时与列车工作人员联系协助解决，以避免发生冲突。

礼者，人道之极也。
——荀子

新闻链接：旅途中的奇葩案例

① 2013年9月20日，在郑州开往昆明的K337次列车上，列车保洁员拿走了乘务员收集的3个空矿泉水瓶，结果引发双方打架。

② 2014年5月15日，南昌开往北京的T147次列车的5号车厢，为了争夺一个座位，两个壮汉扭打在一起。事后却得知，两人的母亲是堂姐妹，只是已10多年未见面。

③ 2015年7月15日，青岛客运段动京13组值乘的G475次列车从莱阳站开出后，乘客刘先生的前妻给他打电话商量孩子的事，他心生醋意的妻子赵女士非要抢过电话说话。气坏了的刘先生给了妻子一巴掌，赵女士拿起水杯泼了丈夫和身旁旅客一身水，因此刘先生和赵女士打了起来。

（一）乘坐公共汽车应注意的礼仪

当我们乘坐公共汽车时，上车时应开心地对司机说声"您好"，下车时应对司机说声"谢谢"，这是礼貌。因为他或她毕竟在一段短时间内为你工作。当你上车时，看见后面有人在奋力追赶，你应该提醒司机注意，并让司机尽可能等一等。无论在公共汽车上、火车上、还是在地铁上，请记住：沉默是金。安静也是一种车厢文明。站在车厢里要扶好站稳，以免刹车时碰着、踩着别人，万一碰了别人要主动道歉。在车上要主动给老人、病人、残疾人、孕妇和带小孩的乘客让座。上下车时要按次序，注意扶老携幼，避免因拥挤而发生事故。到站前，提前向车门移动时，要向别人说"请原谅""对不起，麻烦让一下"之类的礼貌用语。

下雨天乘车，在上车前应把雨伞折拢，雨衣脱下叠好，不要把别人的衣服弄湿。乘车时不要穿油污衣服，不携带很脏的东西，以免弄脏别人。必须带脏东西上车时，要招呼别人注意，并放到适当的地方。人多时，车上遇到熟人只要点头示意、打个招呼即可，不要

41

挤过去交谈，更不要远距离大声交谈。

万一遇到汽车熄火需要帮着推车时，如果你有力气，应主动去推车，即使你由于某种原因不能推车，也应该下车。在别人推车的时候，如果你还坐在车里，这是特别没有礼貌的行为。

（二）乘坐飞机应注意的礼仪

上飞机后，最基本的一点是当你坐下来时，就要把安全带系好，等待起飞。在整个飞行的过程中，你都要把安全带系好。因为飞机可能遇到意想不到的气流，有时甚至出现相当厉害的颠簸，这对你的安全是很不利的。在飞机上，你要遵守一切规章制度。当你在飞行途中坐累了，可以躺下休息。但在把座位放倒之前，要先向后座的乘客打声招呼。另外，去厕所之类的事情，要尽可能在飞机起降之前解决。下飞机时不要拥挤着冲出机舱，应排队，按顺序走出去，注意不可拥挤、着急，慢慢等候飞机停稳。在飞机还没有完全停稳之前，就站起来拿行李，这是非常危险的。如果你站着，飞机发生颠簸或突然停下来，你有可能摔倒而碰伤别人或自己。

在飞机上用餐，要将座椅复原，吃东西时要轻一点儿，最好不要喝酒，因为高空中空气比较干燥、氧气较少，胃里的酒精需要更多的氧气来消耗。此外，在坐长途飞机时，应多喝水，补充水分。这样，当你下飞机的时候，会感觉好一点。

在飞机上不应与人大声聊天，那样是不顾别人存在的表现。

需要我们特别注意的是，为乘机人送行时，可说"一路平安"等祝语，不宜说"一路顺风"（飞机需逆风起飞）。飞机上救生衣是飞机遇险，在海上迫降时供乘客逃生使用的，切勿随意打开或带下飞机。还有，我们现在虽是4G时代，但在上飞机前我们要关闭手机等通信工具，对自己和他人的人身安全负责。

案例分析

一个因放屁奇臭引发的飞机迫降事故

德国《世界报》近日发表了一篇题为"为什么您在飞机上不应该放屁"的文章，称美国航空公司曾有一架飞机不得不在飞往达拉斯的途中中断飞行，并临时降落。原因是：一名饱受腹胀折磨的乘客放屁后，令机舱内臭不可闻。

放屁虽然是个禁忌话题，但其实平常得很。每个人体内每天都要产生约1.5升的气体，大多数气体通过肠道内壁进入血液，然后在肝脏被分解，通过肺排出。所有无法由此分解的气体都得通过放屁排出，而且排放速度还很快，放屁产生的空气流动速度可达每秒0.1米到1.1米。

> 人平均每天放 12.7 个屁。每个屁大约由 40 毫升气体组成，成分主要是无臭无味的氮气、二氧化碳、氢气、氧气及少量很臭的硫化物。
>
> 在空中飞行的时候，屁自然容易失控。这是因为气压降低了。在 3 500 米以上的高空，人体内的几乎所有这种气体都会涌入肠道，令人频频放屁。飞机飞得越高，人的肚子就越胀。
>
> 缺乏运动无疑会导致腹胀，因此，经常乘飞机的人为了不再增加腹中的胀气，在飞机上不喝酒、碳酸饮料、果汁和咖啡，而是选择饮用不加糖的茶或矿泉水。吃饭的时候，最好不要吃沙拉和水果。还有一些乘客会服用消除胀气的非处方药，这些药物会促使气体在胃肠道中分解。

（三）乘坐火车应注意的礼仪

坐火车时行李最好是轻便的，可以拉动的最好，因为很多火车没有托运。最需注意的是，不要把鞋子脱了、伸出脚搁在对面的座位上。这非但不雅观，还是对对面旅客极大的不尊重，尤其是一些乘客的袜子有异味。把废弃物放入垃圾箱内，不要把废弃物随便丢在座位下面。自觉保持车厢的整洁是每个乘客都应该努力做到的。较大的行李要放在行李架上，不要把别人的座位占了。如果是吸烟的人，应到列车上的吸烟区或两节车厢之间的过道里去吸。特别要注意的是不大声聊天，每个人都应该自觉保持车厢的安静。阅读后的杂志或报纸要整理好，随便一扔就下车也是不文明的行为。有些人在上厕所时有看报、看杂志的习惯，但是在厕所紧张的火车上，千万不要这样做，因为这种行为让人觉得你非常自私，根本没有为别人考虑。

（四）乘坐出租车应注意的礼仪

需要坐出租车时，我们要在路边招停，以不影响公共交通为宜。上车时，年长者或女士先上；下车时，年轻者或男士先下。多人打车时，要注意：以后排右座为尊、左座次之，中座再次之，司机旁边的座位为末座。如果由主人充当司机驾车出去，那司机旁边的位置则为尊。

女士上车不要一只脚先踏入车内，也不要爬进车里。须先站在座位边上，把身体降低，让臀部坐到位子上，再将双腿一起收进车里，双膝一定要保持合并姿势。

乘车时要保持车内卫生，不往车外吐痰、扔杂物，应将痰吐在纸巾里，下车时随其他杂物随身带走。

礼者，人道之极也。——荀子

现代礼仪

礼仪周全能息事宁人。
——儒贝尔

小资料：文明出行礼仪三字经

文明行路

去出行	知礼仪	见交警	要行礼
防护栏	不乱跨	不追跑	人人夸
人行道	要走好	不闯灯	生命保
走路时	右边靠	不打闹	请记牢

文明乘车

上车时	按顺序	不挤压	要谦让
不抢座	不喧哗	此二不	要记牢
见老幼	知礼貌	懂让座	文明好

文明观光

旅游区	讲公德	丢垃圾	不道德
礼貌语	随时用	要友好	应记牢
见古迹	不刻画	爱公物	人人夸

文明住宿

| 住旅店 | 要关灯 | 节用水 | 讲文明 |
| 不喧哗 | 不吵闹 | 按时寝 | 起大早 |

三、旅游观光

新闻链接：

颐和园绿地成"公厕"

2013年7月1日，在颐和园散步的曹先生看到，十七孔桥附近10多名男性游客同时面对颐和园外墙小便，引得外国游客边摇头边拍照。曹先生对这一不文明现象予以拍照，并发微博批评游客不雅行为。颐和园管理处回应称，颐和园内共有150余处公厕，布局合理，如此多游客当众小便，属不文明行为。

杭州西湖成了"洗脚池"

2013年7月21日，酷暑下的杭州犹如火炉一般，在白堤两旁的西湖边，一些不自觉的游客脱去了鞋袜把脚浸入湖中，享受湖水带来的凉爽。

长安城逃票游客攀爬城墙被拍

2013年7月31日晚上8点左右，有10多名男女青年游客为了逃票，在西安含光门内，相互帮忙徒手攀爬上了城墙，这一行为立刻引起路人的侧目。有路过的记者将这不文明的一幕拍下，当看到有人拍照时，这几个青年却大喊"别拍了，我们不想把这样的照片传到网上"。

第三章 公共场所显魅力

中国游客卢浮宫泡脚事件

2013年8月1日,一组照片蹿红网络:法国卢浮宫水池上,几个中国人正在泡脚,旁若无人、怡然自得。这为出境旅游中的不文明行为增添了新注脚。

在文物上涂鸦、在公共场合大声喧哗、在免税店里随意插队,一些中国游客在国外的不文明行为,不断刺激着人们的"文明耻感"。

文明旅游,"里子"比"面子"更重要

其实,中国游客在境外出现这样那样的不文明行为,是现阶段我国公民整体文明素质水平的具体体现。如今,每年中国出境游游客每年达数千万人次。如果我们不在提高自身文化修养和道德修养上下功夫,做到文明礼仪表里如一,家里家外都一样,国人的种种陋习总会找到这样那样的外泄渠道。一句话,"里子"应该比"面子"更重要。

作为礼仪之邦,需要的不单是规则,更要由内而生的自觉力量。借用社会学家费孝通晚年提出的"文化自觉"理论,可认为生活在一定文化中的人,只有对其文化有自知之明,明白自己文化的精髓与优秀传统,并以之界定自己,才是"文化自觉"。

中国旅游业发倡议,呼吁公民出游文明守礼

2013年8月1日,中国国际旅行总社代表业界在北京发出《中国公民出境文明旅游倡议书》。

该倡议号召旅游从业者履职尽责,率先践行《中国公民出境旅游行为指南》,恪守职业道德,遵纪守法,信守合同;切实履行引导游客文明旅游的职责,以自身文明言行示范带动游客,引导游客做中华文明的传播者、践行者。

提升公民出境旅游素质,加强服务消除隔阂

国家旅游局局长邵琪伟表示,将完善旅游团行前教育、告知制度,制定文明出游手册和行前教育规范,强化导游领队在出境旅游过程中对游客文明行为的提示和提醒责任。同时,将以贯彻实施《中华人民共和国旅游法》为契机,把文明旅游纳入旅游合同之中,引导旅游者文明旅游。

> 礼者,人道之极也。——荀子

近年来,利用五一、国庆等节假日外出旅游的人越来越多。如何做一名文明的游客?我们认为需要注意以下几点。

(一)行前准备要充分

俗话说:"在家千日好,出门处处难。"旅行前,游客要做好充分的准备。

行前要了解当地的气候和旅游期间的天气变化,以便做好相应的准备。还要认真了解旅游地的民俗风情、人文景观,这样旅游时可以更好地欣赏和领悟,而不是只当一个匆匆的过客。

(二)名胜古迹倍珍惜

山川名胜和历史古迹是不可再生的宝贵的自然资源和文化遗产,应该倍加珍惜。

文明旅游观光必须做到"四不"。

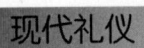

① 不要触摸珍贵的文物展品。距离产生美，游客要有文物保护意识，只可远观，不可近玩！

② 不能戏弄游览点的动物，不要随意喂食。动物是人类的朋友，不是人们的玩偶。在景区，人们对动物最好的保护就是不干扰它们的正常生活。

③ 不要采摘花卉，攀折树枝，践踏草地。手下留情，水碧山青；花草有心，毁之何忍啊？

④ 不在树木、建筑物上乱刻、乱画。有些游客步"孙大圣"的后尘，喜欢写上"某某某到此一游"，自以为可以流芳千古，殊不知这种不文明的行为只能使自己"遗臭万年"。此外，如果想拍照，应注意有无禁拍标志或规定，乱照一气可能会对珍贵文物造成伤害。在境外，违反规定私自拍摄甚至有间谍的嫌疑，那就会给自己增添不必要的麻烦。

（三）律己敬人显风度

1. 自律

① 自觉排队。无论是进场馆参观，还是乘坐公交、地铁和电梯，都要自觉排队，不要前拥后挤，制造混乱。

② 保持安静。在公共场所说话时要悄声细语，不要直着嗓门儿大呼小叫，让别人侧目而视。

③ 不随地吐痰。许多国人有随地吐痰的陋习。要知道随地吐痰不仅毁了个人形象，而且损害了国家和民族的形象。

④ 谨慎吸烟。在国外旅游时，在没有摆放烟缸和有禁烟标志的地方坚决不能吸烟，在宾馆里也是如此。更不得乱扔烟头，以免引发火灾。2006年，美国"星光公主号"大型邮轮由于游客扔下的一只烟头引发火灾，100多间客舱被烧得漆黑，11人受伤。一名美国老人被熊熊大火吓得心跳突然停止，当场身亡。前事不忘，后事之师，我们要引以为戒。

⑤ 谈吐文雅。很多国人走出家门就无所顾忌，放浪形骸，这是要不得的。谈吐要得体亲和，不要"出口成脏"，不要说"黄段子"；如果不小心冒犯了他人，要及时致歉，以免与人发生纠纷，甚至打架。

⑥ 按时上车。如果你不是私驾游，而是随团旅游，一定要听从导游的安排，导游同意了方可离队；要提前10分钟上车，不要迟到，以免让他人等候，耽误行程。

2. 敬人

（1）尊重他人

出门在外，要相互照应，充分尊重他人。旅游途中，如走在狭窄的曲径、小桥、山洞时，要主动给老弱妇孺让道，不要争先抢行。坐游览车时，年轻的游客应该尽量坐到车厢后面，把前几排的座位让给老人和妇女儿童；观光车的第一排座位一般都是留给领队或导游的，其他游客尽量不要坐。不长时间占用公共设施，要尊重服务人员的劳动。

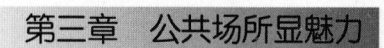

（2）尊重习俗

游客要入乡随俗，尊重当地的风俗习惯和宗教戒规，否则可能会因小事而酿成大错。尤其像一些宗教禁忌的地方，如佛像是不能攀爬的，佛教寺庙的门槛是不能践踏的。

> **知识链接：**
>
> 出国旅游时，除了做到上面的要求外，还要做到以下几点。
>
> ① 不能有大国优越感。到一些小国旅游时，中国人要有大国风范，但是不能有大国优越感。目前，国际上"中国威胁论"甚嚣尘上，因此要特别尊重当地的民众，努力做民间亲善大使。
>
> ② 要尊重女士。"女士优先"是国际公认的"第一礼俗"。在一切社交场合，每一名成年男子都有义务主动自觉地尊重、关心、保护女士，为女士排忧解难，国内如此，国外更要如此。
>
> ③ 酌情付小费。许多国家有顾客向服务人员付小费的习俗，表示对服务人员的爱护和尊重。各国小费数额没有统一规定，游客应入"境"随俗，酌情付费，不可一掷千金。

四、出行礼仪：12国文化禁忌扫盲

随着经济的发展，我国现在出国游的人越来越多，我们在媒体上看到的多是负面报道，如何才能避免这些呢？除了要遵守相应的公共礼仪外，我们还要了解相应国家的文化，俗话说入乡随俗，不同的国家、不同的民族有着各种各样的礼俗禁忌，我们在旅行时要尊重不同的文化，文明旅游。

（一）英国

① 讨厌过问私事。如果您去英国旅游，千万不要问人家"您去哪儿""吃饭了吗"这类问题，中国人认为很热情，英国人会认为你很粗鲁，他们讨厌别人过问他们的个人生活。英国人更忌讳别人谈论男人的工资和女人的年龄，就连他家的家具值多少钱也是不该问的。不能问女士的年龄。因为她认为这是她自己的秘密，而且每个人都想永葆青春，没有比对中年妇女说一声"你看上去好年轻"更好的恭维了。

② 不能砍价。在英国购物，最忌讳的是砍价。英国人不喜欢讨价还价，认为这是很丢面子的事情。如果你购买的是一件贵重的艺术品或数量很大的商品时，你也需要小心地与卖方商定一个成交的价钱。英国人很少讨价还价，如果他们认为一件商品的价钱合适就买下，不合适就走开。

③ 不要邀请别人到你家做客，除非你真的跟对方非常熟悉。

（二）印度

① 不要在公共场所接吻。在印度有些地区，当众接吻会让你因"公众场所猥亵罪"触犯法律。

礼者，人道之极也。
——荀子

② 不要跟异性有肢体接触。在印度大部分地区，人们仍然不太能接受异性之间拥抱和握手，除非当地人主动跟你拥抱或握手，否则千万别这样做。

（三）日本

① 不要给人小费。日本文化中没有小费这个概念。也不要留下零钱，不然日本人会追着还给你。

② 到别人家里不可以穿鞋，如果你看到其他人脱鞋，那你也照做吧。注意：一进门有一小块地方叫"玄关"，通常比屋内其他地方要低一些，是用来脱鞋子的。不必在屋外脱鞋。

③ 不要拥抱别人，大部分日本人都不喜欢拥抱，尤其是老人。

④ 电梯上不要站错边。在东京，要站在电梯的左边；在大阪则站在右边。别人怎么做你就怎么做。

（四）俄罗斯

① 不要送由偶数朵鲜花组成的花束作为礼物，因为那是送给死人的，由1、3、5、7朵花组成的花束才能表达祝贺之意。

② 不要以为有信用卡就够了，很多地方只接受现金。

③ 不要自以为人们支持政府的一切言行，很多时候并非如此。但也不要批评他们的政府。他们自己总这么做，你就别说三道四了。

（五）新加坡

在新加坡，你可能会因很多事情而被罚款，包括喂鸟、随地吐痰、在公共场所小便、吸烟、在公交车上吃喝和乱丢垃圾等。

（六）新西兰

① 不要混淆新西兰人和澳大利亚人。

② 看到有人光脚，请别大惊小怪，公共场所不穿鞋，甚至不穿上衣在这里很正常。

（七）法国

① 不要奢望有很多素食可供选择。提前告诉人们你要到访，选餐厅的时候也要多加注意。跟其他一些国家比起来，法国的素食主义者很少，虽然这个情况正慢慢有所改观，但法国人的素食主义意识和接受度依然不高。

② 别谈钱。打个比方，你可以说因为工资太低自己辞职了，但不可以直接把具体工资说出来。法国文化有不少有关谈钱的古老禁忌，很多人觉得谈钱太俗了。

③ 别指望法国人讲英语。法国的教育系统在外语教学方面可不怎么样，比起会话技能，阅读和写作被强调过头了。很多年纪比较大的人只懂一点蹩脚的、口音很重的英语，还可能会一点德语或西班牙语。

（八）德国

① 不要盯着看，否则会显得没文化或有神经病。

② 不要过于热情友好。德国人比较"慢热"，喜欢花时间慢慢了解对方，不会一见面就"自来熟"。

③ 不要预祝对方生日快乐。这源于一种迷信：如果你这么做，对方在生日到来前会遭遇厄运（可能会死），但注重这个的可不仅仅是迷信的人。哪怕是活泼理性的德国人提前收到生日祝福，心里也会觉得不舒服，因为这很不合礼数。

（九）挪威

① 不要盯着裸露的人，人们对裸体的态度很轻松，如无论男女都会在公共沙滩上直接换衣服，完全不会遮遮掩掩，但你绝不能盯着人家看。

② 送花作为礼物时，不要先拆开花束，德国人才会这么做。

③ 不要向人们打听教堂，因为绝大多数人根本不去教堂，这么问会显得冒犯、无礼，也特别奇怪。

④ 不要奢望得到特别礼遇。这里的人都很随意，除了国王以外，人们一般都互相以名字相称。哪怕是挪威首相也经常被直呼其名。

（十）墨西哥

① 不要开不起玩笑，幽默是他们的一种文化。他们完全是无底线的！他们经常只为了好玩而嘲讽、戏谑、侮辱、找碴儿或奚落人。

② 不要害怕尝试，他们喜欢看你尝试用西班牙语讲出个超级大难词，要是你敢咬一口超辛辣的辣椒或干一杯龙舌兰，肯定会换来一片喝彩！

（十一）肯尼亚

① 不要对宗教不敬，在这里几乎你遇到的每个人都笃信宗教。宗教在这里一直都很盛行，所以要是有人问你信不信教，千万别介意，因为在这里人人信教是很寻常的，大约80%的人是基督教徒。

② 不要不耐烦，除了少数商务会谈、银行停止营业及大部分其他企业，这里几乎没什么事是准时的。凡事都姗姗来迟，所以别生气或不耐烦，入乡随俗吧，事情总归会办的，只不过迟一些罢了。

③ 不要直呼别人的名字，你可以加上小姐、女士、先生、医生、工程师等称呼，大部分时候可以直接加上姓氏。如果你要和人说话却不知道对方姓名，那就称呼其为女士或先生。这能为你赢得不少好感。只有当对方用名字介绍自己时，你才可以直呼其名。

（十二）爱尔兰

① 不要学爱尔兰口音，他们不觉得自己有"爱尔兰口音"。爱尔兰有科克口音、都柏林口音、克里口音等。在他们看来，除了地域信息，口音还能透露许多不曾明说的信息，

如一个人是城市人还是农村人，社会地位如何等。

②不要贪便宜，最典型的就是在酒吧给巡酒买单。如果有人提出请喝头一轮，你完全可以说"最近我在省钱，我还是自己买吧"，你不可以接受别人的请客之后不回请人家。

> **练一练**
> 通过手机网络等渠道了解我国主要的少数民族蒙古族、维吾尔族、回族、藏族、壮族分别有哪些民族礼仪？

第二节 特定场所礼仪

任务目标

1．遵守电影院、剧院的观赏要求，做文明的观众。
2．了解并遵守体育场馆的礼仪要求，争当文明体育爱好者。
3．自觉保持图书馆、阅览室的安静。

一、电影院、剧院

案例分析

> **电影院打闹被处罚**
> 2014年12月中学生李某在电影院看电影时与同伴追逐打闹，大声喧哗，影响了电影的正常放映。工作人员多次劝阻无效后把他们送到了派出所，民警对他们进行了法制教育和治安处罚。
> 在此事件中李某不仅影响了他人观看电影自己也受到了相应的处罚，体现出家庭和学校对礼仪教育的缺失。这事件不仅影响他人还影响自己，还让别人对其父母的家庭教育有所怀疑。

电影院、剧院是比较高雅的文化场所，人们把进剧院看戏、听音乐视为一种高雅的艺术享受。因此，要求观众的仪态举止应当与其氛围相协调。

随着电视机走进千家万户，到电影院看电影的观众相对减少了，但仍有不少人喜欢到电影院看电影，特别是年轻人在闲暇时和朋友看一场电影常常是最佳选择。作为观众到电影院看电影，应衣着整洁。上剧院观看演出，着装应庄重得体，夏天不能穿背心、拖鞋入场，不要在场内吸烟。

观众去影剧院看电影或观看演出时，应尽量提前或准时入场。在入口处，主动出示票

证，请工作人员检验，进场后对号入座。若到达较迟，其他观众已坐好，自己的座位在里面，这时应有礼貌地请别人给自己让道。从别人面前经过时，应面向让道者一边道谢，一边侧着身体朝前走，而不要背对着人家走过去。

从礼仪的角度出发，去剧场观看演出，迟到者应自觉站在剧场后面，只能在幕间入场，或等到台上表演告一段落时赶紧悄然入座。

观众到剧场观看演出，入座后，戴帽者应摘下帽子。坐时不要将椅子两边的扶手都占据了，要照顾到"左邻右舍"。观看演出时，不要摇头晃脑、手舞足蹈或交头接耳，以免妨碍后面观众的视线。也不要高谈阔论，以免影响周围观众。观看演出时，切忌起哄、吹口哨、怪声尖叫。爱吃零食的观众要自我约束，不吃带壳的食物，不吃吃起来很响的食物。

在剧院观看演出时，场内应保持安静，要有礼貌地适时鼓掌，以表达对演员、指挥的尊敬、钦佩和谢意。鼓掌要掌握好时机，例如，当受欢迎的演员首次出台亮相时应鼓掌；观看芭蕾舞，乐队指挥进场时鼓掌；演奏会上指挥登上指挥席时应鼓掌；一个个高难的杂技动作完成时应鼓掌；一首动听的歌曲演唱完毕时应鼓掌；演出告一段落时应鼓掌；演出全部结束时应起立热烈鼓掌。观众在观看演出时，鼓掌若不得当，就会产生副作用。例如，演员的台词还没说完，交响乐的一个乐章尚未结束时就贸然鼓掌，不仅影响演出，而且大煞风景。

在剧院看演出时，不宜中途退场。如果临时有急事或确实不喜欢看，应在幕间休息或一个节目结束时离场。

观看演出应善始善终。演出结束时，有教养的观众不要匆忙离场，应等演员谢幕或主宾在主人陪同下登台向演员致谢后，再秩序井然地离场。

二、体育场馆

案例分析

最干净联赛　球迷闹事频出

因为扫黑打假的缘故，2010年的国内足球联赛被称作最干净的联赛，但奇怪的是，以中超为首，包括中甲、中乙联赛在内的各级联赛却显得特别暴力，一些触目惊心的场景，让我们简单地回顾一下就知道了——

7月25日，青岛中能被上海申花以2：0击败后，青岛球迷先是飞踹裁判、砸坏新闻发布厅大门，然后上千名球迷围攻体育场，甚至将前来观战的山东鲁能主帅伊万的车砸坏。

7月31日，中乙联赛大连德比，一名女球迷先是跳进场内袭击裁判，佯装昏倒被送医院后，下半时竟然复归场内飞踹主裁判。

礼者，人道之极也。——荀子

现代礼仪

礼仪周全能息事宁人。
——儒贝尔

> 8月1日，大连实德在主场与陕西队战平，赛后大连球迷怒砸陕西球迷大巴，车窗全部被石块砸碎，3名大连球迷还冲上大巴，殴打一名老年球迷，甚至还殴打了劝架的大连大巴司机。
>
> 8月14日，杭州绿城主场迎战申花，远征杭州的千余名申花球迷准备搭乘大巴返回上海时，遭遇当地球迷袭击，上海蓝魔球迷协会会长徐峰被砖块击中面部，送至医院缝了17针。
>
> 8月18日，河南建业主场以0:2输给江苏舜天，河南球迷赛后与防暴警察发生大规模冲突，多名球迷在冲突中流血受伤。其中有6名球迷更是因为受伤要入院治疗，包括一名9岁孩童。同日在西安、长沙均发生了球迷暴力事件。
>
> 8月22日，因为不满主裁判判罚，输球后的深圳球迷在赛后用矿泉水瓶疯砸陕西队的大巴，赛区不得不出动武警维持局面。
>
> 8月29日，成都谢菲联球迷在赛后怒砸沈阳东进队大巴，破碎的车窗玻璃扎伤24岁的东进后卫冯绍顺的左眼，差点导致该名球员失明。
>
> 10月7日，山东客场战平南昌提前2轮夺冠，鲁能球员在离开体育场时发生了南昌球迷集体怒砸鲁能大巴的恶性事件。
>
> 10月31日，在辽京大战前，来自辽宁葫芦岛的球迷与北京球迷在场外大打出手。北京球迷用砖头和警方设置的路碍作为武器，将两位葫芦岛球迷的脑袋打得鲜血直流，造成2位受伤的球迷一个头上缝了15针，另一个缝了6针。同日，另一场球迷闹剧发生在大连的主场，由于大连队在家门口被深圳队逼平失去了明年参加亚冠的资格，所以赛后数百名情绪激动的大连球迷从球场一直追到深圳队下榻的酒店。

目前，各种大规模的体育赛事层出不穷。我们在此介绍现场观赛礼仪知识，供大家进一步学习和了解，并借此倡导广大学生学礼仪、用礼仪，传播文明、践行文明，争做文明使者。

1. 观众入场、退场的礼仪要求

①观众入场前应根据场地要求着装，不能光膀子。有些场地、场馆对观众穿鞋有特殊要求，应提前了解，做好相应准备。不带易燃易爆等危险物品及打火机、酒瓶、凳子、刀具等硬件物品入场；不带易拉罐等罐装物品入场；不带宠物入场。尽量提前或准时入场；如有安全检查规定，应积极配合；如开车前往，要按规定路线行驶、停车。有序入场，注意礼让老弱、妇女儿童及外国朋友入场，如有需要，为其引路指座。

②比赛中，若要提前退场，在不打扰他人的情况下尽快离开。比赛结束时，向双方运动员鼓掌致意。退场时，按座位顺序退场，向最近的出口缓行或顺着人流行进。应主动将饮料杯、矿泉水瓶、果皮果核等杂物带出场外。

如比赛中突然停电，观众应保持安静，坐在自己的座位上，不随便走动。手中持有小手电或是荧光棒，可以打开照亮，但不要使用打火机、火柴等明火照明。如比赛延期，要

52

听从工作人员的指挥，借助应急灯灯光，按照安全出口指示灯的指示有序退场。

2. **赛场升国旗、奏国歌时的礼仪要求**

当赛场宣布举行升国旗、奏国歌仪式时，现场所有人员都应起立、脱帽，身体转向旗杆方向，等待升旗。升国旗、奏国歌仪式开始后，应肃立并面向国旗行注目礼，并跟着乐曲用正常音量唱国歌。

如果是升他国国旗、奏他国国歌，观众也应像尊重本国国旗、国歌一样肃立，行注目礼。

新闻链接：跳水世界杯两次放错国歌 李世鑫清唱感动全赛场

2014年2月24日，俄罗斯国际泳联跳水大奖赛第二站比赛在奔萨举行。我国选手张新华和李世鑫摆脱上一站意外失手的阴影，在男子单人三米板项目中包揽金银牌。而更重要的是，由于组委会播错国歌，李世鑫当场大声清唱，感动赛场的观众。

在这场比赛中，张新华和李世鑫的表现很出色，顺利拿到前两名，就在运动员领完奖牌准备升国旗仪式的时候，组委会竟然播错了国歌，颁奖仪式只能暂停。然而，组委会第二次播放中国国歌的时候，竟然没有放出声音来，面对现场出现的混乱场面，站在领奖台上的李世鑫高声唱起了国歌，现场的观众被感动，纷纷为两位中国选手鼓掌。第三次，组委会终于找到了中国国歌，颁奖仪式得已重新进行。

3. **拉拉队在比赛时的礼仪要求**

拉拉队在入场、退场和助威时要有组织、有秩序地进行。使用的口号、标语及所呼喊的内容要健康，不要有污言秽语，不要恶语伤人，不要做变相广告。要尊重裁判，理智对待比赛结果。要了解比赛项目的有关知识，适时助威、喝彩。要掌握时机，如果使用锣鼓、乐器助威，要注意节奏，有张有弛。

拉拉队要遵守赛场纪律，文明助威，不与其他拉拉队人员发生争吵。经过允许带入场内的口号牌、横幅尺寸不宜过大，在不影响正常比赛和其他观众观赛的前提下方可亮出。

4. **观众使用手机和照相机的礼仪要求**

进入观赛场地后，要将手机关闭或设置为振动状态。如有事，可用短信交流，或当比赛告一段落时，走出现场接打电话。应遵守一些比赛场馆不允许带相机入场、不允许使用闪光灯的规定。

在比赛过程中，凡是遇运动员有仰视动作时，不得使用闪光灯。

5. **与残疾运动员交往的礼仪要求**

①对残疾运动员的称谓应礼貌规范。当面称呼时，如知道其姓名或运动员号码，可称姓名或号码；用规范语言称呼时，可称"残疾运动员""言语残疾运动员""听力残疾运动员""视力残疾运动员""肢残运动员""智障运动员"。

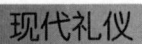

② 尽量淡化其残疾色彩。打招呼时，尽快判断其伤残的类别。如发现对方是聋哑人，要通过握手、拍肩膀等动作或用手语表示问候。与残疾运动员交谈时，眼睛正视对方，不紧盯残疾部位；不询问致残原因，避免涉及隐私和伤心话题。

③ 向残疾运动员表示祝贺要注意方式。如对上肢残疾不方便握手的运动员，不做与其握手的动作，可以与其拥抱；献花时先示意是献给他（她）的，然后可把花放在运动员身边的地上或者交给他（她）的陪同人员。对乘轮椅的残疾运动员，应躬身与其握手或拥抱，也可使用合掌或抱拳等手势表示祝贺。

注重忌讳，戒掉不良口头禅，对残疾人不能使用"残废人""哑巴""聋子""瞎子""瘸子""傻子""瘫子"等带有侮辱、歧视色彩的蔑称和贬称。与视力残疾运动员交谈时，不说"在前面""在那里""你看"等话语；与高位截瘫的残疾运动员交谈时，不要说"在后面""在下面"等话语。

6. 观赛场馆与人调座要客气

调座在生活中很常见，乘车、乘船或在电影院观看电影、在赛场观看比赛，都会遇到调座的问题。调座是一件需要麻烦别人的事情，因此应该尽量避免，但如果实在需要调座，应注意提前进行，不要等别人已经坐好才进行。

调座时需遵循将好座位留给别人的原则，语言要礼貌。可以问：请问您是坐在这儿的吗？麻烦您能跟我换一下座位吗？不要粗鲁地说：把你票给我看看，你是坐这儿的吗？提出请求时不要忘了婉转地讲明原因，如我们两人是一起的，或者小孩、老人需要照顾等。如果别人同意调换要表示感谢，如果别人不同意，也要表示理解，不能强迫。

7. 如何尊重裁判

裁判员在比赛中有认定事实的最高权力，要服从裁判员的裁决。

尊重裁判是对观众的基本要求。介绍裁判时，要给予热烈的掌声；一旦出现裁判打分不公的现象，观众从维护赛场公正和体育道德的角度出发，适当表达自己的不满和愤怒是可以理解的，但要掌握好尺度，不要做出有损国格、人格和违背体育精神的举动。尊重裁判，不仅体现中国观众的良好素质，更体现中华民族博大的胸怀。

8. 如何对待选手的失误

在赛场上，运动员失误是难免的，作为文明观众，要对运动员的失误给予理解；当"我"方选手出现失误时，不要抱怨；如果是安静的赛场环境，要控制住情绪，给选手一个恢复状态的环境；如果是激烈的赛场环境，要为失误的运动员加油。当对方选手出现失误时，不要喝倒彩；在不公平的环境下取得胜利时，也要适度地控制情绪，合理地表达意见。

9. 赛场出现突发事件时应该怎样做

突发事件是指观众因不满比赛结果蓄意闹事，夜间突然停电或有火情，观众发现有异常情况会威胁到赛场安全而引起的骚动、自然灾害和其他危急事件。

当赛场出现突发事件时，观众要保持冷静、服从指挥；要及时报告给管理人员，以便在最短的时间内采取有效措施；同时，对人为的滋事，观众不要参与；无论怎样的突发事

件，都要在有关人员的引导下，按秩序疏散；如果局面失控，观众要尽快带家人和朋友离开不安全区域，或者尽快寻找离自己最近的出口，在出口处要行走有序，不要拥挤乱钻，以免出现踩踏现象。

如果观众了解并掌握了处理紧急事件的方法，并能保持理智，服从指挥，即便出现紧急情况，也能使危险带来的危害降低到最低限度。

案例分析

丢失的金牌

世界台球冠军赛在纽约举行，路易斯十分惬意，因为他远远领先了对手，金牌唾手可得。突然一只苍蝇落在主球上，路易斯原本没有在意，一挥手赶走了苍蝇，当他准备击球时，苍蝇又飞回来了，但是苍蝇总是落在他将要打的那个球上，旁边观众们见此情形立刻哄笑起来，在多次击球未果后，又受现场观众的影响，他的情绪出现波动，他愤怒地用球杆去击打苍蝇，结果一不小心球杆碰到了主球，被裁判判为击球，失去一轮击球的机会，本以为败局已定的对手约翰见状勇气大增，最终赶上并超过路易斯夺得了冠军。

三、图书馆、阅览室

案例分析

情景再现

静悄悄的图书馆，同学们有的在借书，有的在查阅资料。文明拿着刚找到的《论语》大步流星地走着，差点碰到了刚来借书的同学。刚走到门口的时候，管理员叫住了他。管理员微笑地说："这位同学，请到这边登记！"文明歉意地说："不好意思，谢谢你提醒，我差点忘记了！"说着，双手递过图书，管理员用读码器迅速地在书上刷了一下，又把书放到文明的手里。文明感谢之后离开。

礼仪诊所

上述案例中，你觉得文明哪些地方做得好？哪些地方做得不好？你能给他提几条建议吗？

礼仪规范

借阅图书时，服从管理，按规定手续借、还书刊。

礼者，人道之极也。——荀子

现代礼仪

相关链接：半部《论语》治天下

宋朝时有个宰相，叫赵普。他智谋多，可是读书少。一次因为记错了年号，被宋太祖狠狠地臭骂一顿。赵普受耻辱后，开始发愤读书。他有一个大书匣，不许别人动。人们只是看到他每天从里面拿出一本书来读，但是谁也不知道是什么书。等到这位宰相死后，人们打开书匣，发现里面只有《论语》的前半部分。从此以后，赵普以"半部《论语》治天下"而传遍天下了。

练一练

读了上面的故事，学习了礼仪规范，你一定进步了不少。你认为进图书馆或阅览室要注意哪些问题？

图书馆、阅览室是现代人很重要的一个给自己充电的场所，是一个公共的学习场所。在图书馆、阅览室里，我们要注意什么礼仪呢？

① 保持图书馆、阅览室的安静。进入图书馆、阅览室，如果暂时可以不使用手机，可以将手机关机，然后进去安静学习；如果需要使用手机，请将手机调至振动状态。接听电话时，请拿着手机，走到离别人远一点的地方接听，通话时控制好音量大小。走动时脚步要轻，不要高声谈话，不要吃零食。不要利用阅览室休息，睡觉。

② 不要抢占座位，特别是在别人找不到座位的时候，你却帮别人抢占着座位没人坐。

③ 要爱护图书馆、阅览室里的财物，不要撕坏图书，不要在图书上涂抹。查阅图书目录卡的时候，不要把卡片翻乱撕坏，也不应在卡片上涂画。要爱护图书，轻拿，轻翻，轻放。不能因自己需要某些资料而损坏图书，私自剪裁图书是极不道德的行为。对开放书刊应逐册取阅，不要同时占有多份。阅后立即放回原处，以免影响他人阅读。借阅图书应按期归还。

④ 图书馆、阅览室是公共场所，进入这些地方，要注意穿着整洁卫生，不能穿着汗衫和拖鞋进出图书馆、阅览室。

阅读材料

特定场所的礼仪禁忌摘要

在公共场所排队，忌拥挤，忌与前面的人贴得太近，更忌在贴近时咳嗽、吐烟、摇动、摩擦；一般应保持15~30厘米的距离。

排队忌"加塞"，忌超队抢先，即使是问一句话，也忌越队行事。若有特殊紧急情况，可礼貌地求得排队人的同意，优先办理；办完以后要向附近排队人表示谢意，忌过河拆桥，得意洋洋地离去。排队遇到熟识的办事人员，忌霸住窗口或柜台叙旧聊天。排队地点有变更或改变队形时，忌乘机制造混乱抢占好的位置。

礼仪周全能息事宁人。
——儒贝尔

第三章 公共场所显魅力

在公共场所行走，宜鱼贯而行，忌三人以上联臂横行，阻挡他人。

在公共场所，因违反规定而受到他人批评时，忌强词夺理，忌冷嘲热讽、恶语伤人，更忌仗势欺人殴打批评者，切忌伤害批评自己的少年儿童和老人。

在公共场所忌逃票；逃票被发现，忌与管理人员争吵。这些事是十分不光彩的，会严重损害自己的形象。

青年情侣在公共场所忌抱肩搂腰、调情接吻，在要求"静"的场合忌细语不停、高声品评，影响别人。

> 礼者，人道之极也。
> ——荀子

知识链接：共乘电梯的礼仪

① 伴随客人或长辈来到电梯厅门前时，先按电梯呼梯按钮。轿厢到达厅门打开时，若客人不止一人时，可先行进入电梯，一手按"开门"按钮，另一手按住电梯侧门，礼貌地说"请进"，请客人或长辈进入电梯轿厢。

② 进入电梯后，按下客人或长辈要去的楼层按钮。若电梯行进间有其他人员进入，可主动询问要去几楼，帮忙按下。电梯内可视状况是否寒暄，如没有其他人员时可略做寒暄，有外人或其他同事在时，可斟酌是否有必要寒暄。电梯内尽量侧身面对客人。

③ 到达目的楼层，一手按住"开门"按钮，另一手做出请出的动作，可说："到了，您先请！"

客人走出电梯后，自己立刻步出电梯，并热情地引导行进的方向。

实训环节

1．对照本章所讲的礼仪知识，寻找我们身边不遵守公共礼仪的现象，并给出改正建议。

2．结合我校的实际情况写一封倡议书，倡议我们的同学要做到文明出游。

3．设计几条宣传遵守公共礼仪的宣传语（突出原创性）。

微课天地

公共场所显魅力

第四章

日常生活展素养

> 生活里最重要的是礼貌，它比最高的智慧、比一切学识都重要。
> ——赫尔岑

引导案例 机会就在你身边

一批应届毕业生，实习时被带到某部委实验室参观。在会议室里等待部长的到来时，有秘书给大家倒水。同学们表情木然地看着她忙碌，其中一个还问了句："有绿茶吗？"轮到一个名叫林晖的同学时，他轻声说："谢谢，大热天的，辛苦你了。"秘书抬头看了他一眼，满含着赞赏。

门开了，部长走进来和大家打招呼，但却没有一个人回应。林晖左右看了看，犹犹豫豫地鼓了几下掌，同学们这才稀稀落落地跟着拍手。部长挥了挥手："欢迎同学们到这里来参观，平时这些事一般都是由办公室负责接待，因为我和你们的导师是老同学，所以这次我亲自跟大家讲一些有关的情况。我看同学们好像都没带笔记本，这样吧，王秘书，请你去拿一些我们部里印的纪念手册，送给同学们作纪念。"接下来，更尴尬的事情发生了，大家都坐在那里，很随意地用一只手接过部长用双手递过来的纪念册。部长的脸色越来越难看，走到林晖面前时，林晖礼貌地站起来，身体微倾，双手接过手册，说了一声"谢谢！"部长眼前一亮，伸手拍了柏林晖的肩膀："你叫什么名字？"林晖照实回答。部长微笑着回到自己的座位上。

2个月后，毕业分配表上，林晖的去向里赫然写着该部委的实验室。有几位颇感不满的同学找到导师："林晖的学习成绩最多也就算个中等，凭什么选他而没选我们？"导师看了看这几张尚属稚嫩的脸，笑着说："是人家点名来要的，其实你们的机会是完全一样的，但是除了学习以外，你们需要学习的东西太多了，素养也是一门课。"

第一节 称呼礼仪

任务目标

1. 在人际交往中能够得体地称呼对方。
2. 了解称呼规则并遵守以避免尴尬。

人们在日常交往中，所采用的相互之间的称谓语叫称呼。在人际交往中，人与人见面、给他人写信及其他社交活动，选择正确、适当的称呼，反映着自身的教养和对对方尊敬的程度，甚至还体现着双方关系发展和密切的程度，也反映着一定的社会风尚。因此，掌握恰当的称呼方式是十分必要的。

一、称呼的基本要求

1. 简洁性

称呼力求简单，通常是两三个音节。这样，既方便称呼，又易于引起对方的注意。

2. 礼貌性

称呼要体现对对方的尊重和礼貌，因此，称呼所使用的语言必须准确、恰当、文明。称呼的声音要适中，态度谦恭。

案例分析

被拒绝的生日蛋糕

有一位先生为外国朋友定做生日蛋糕。他来到一家酒店的餐厅，对服务员小姐说："小姐，您好！我要为一位外国朋友订一份生日蛋糕，同时打一份贺卡，你看可以吗？"服务员小姐接过订单一看，忙说："对不起，请问先生您的朋友是小姐还是太太？"这位先生也不清楚这位外国朋友结婚没有，从来没有打听过，他为难地抓了抓后脑勺，想了想，说："小姐？太太？一大把年纪了，太太。"生日蛋糕做好后，服务员小姐按地址到酒店客房送生日蛋糕。敲门后，一女子开门，服务员小姐有礼貌地说："请问，您是怀特太太吗？"女子愣了愣，不高兴地说："错

在人与人的交往中，礼仪越周到越保险。

——托·卡莱尔

第四章 日常生活展素养

59

了！"服务员小姐丈二和尚摸不着头脑，抬头看看门牌号，又打了个电话问那位先生，没错，房间号码没错。再敲一遍，开门，"没错，怀特太太，这是您的蛋糕。"那女子大声说："告诉你错了，这里只有怀特小姐，没有怀特太太！""啪！"门被重重地关上了。

案例中的先生在没有弄清客人婚姻状态的前提下，选择了不礼貌的称呼，引起了外国朋友的强烈不满。在人际交往中，不礼貌称呼是一定要注意规避的。而基于对被称呼者的年龄、辈分、婚否及与他人关系的错误判断所选择的称呼就是一种典型的不礼貌称呼。

在案例中，这位先生凭推测称呼客人"太太"，而在在西方，"女士"是对成年女性的通称，一般冠以她自己而非丈夫的姓名；"夫人""太太"是称呼已婚女性，冠以丈夫的姓名或丈夫的姓及她自己的名；已离婚的妇女可冠以她自己的姓名或前夫的姓及她自己的名，而不能仅用前夫的姓；成年而未婚的女子称"小姐"，冠以她的姓名；而对于婚姻状况不详的女子可泛称"小姐"或"女士"，已婚的女性被别人称作"小姐"时，会愉快地接受这一"误称"。相反，未婚的女性被别人称作"太太"时，都会格外介意。

3. 习惯性

选择称呼要合乎常规，要照顾被称呼者的个人习惯，入乡随俗。要细心掌握，认真区别生活中的称呼、工作中的称呼、外交中的称呼和称呼的有关禁忌。

4. 次序性

一般情况下，同时与多人打招呼，应遵循先长辈后晚辈、先上级后下级、先近后远、先女后男、先疏后亲的原则。

二、公务中的称呼方式

称呼是一种文化现象，具有复杂性和多样性的特点。

（一）称呼职务

以交往对象的职务相称，以示身份有别，敬意有加，而且要就高不就低。一般在较为正式的官方活动、政府活动、公司活动、学术性活动中使用。这种称呼可分3种情况。

① 称职务，如"市长""处长""主任"等。

② 姓氏＋职务，如"王处长""张科长"等。

③ 姓名＋职务，如"王涛书记""孙成县长"等。

这种方式仅适用于正式的场合。

（二）称呼职称

对于有专业技术职称的人，尤其是具有高级、中级职称者，可用职称相称。以职称相称，有3种情况。

① 称职称，如"教授""工程师"等。

② 姓氏＋职称，如"王教授""李工程师"等。

③ 姓名＋职称。这仅适用于正式的场合，如"姜伟教授""李俊工程师"等。

（三）称呼职业

在工作中，有时可按行业进行称呼。对于从事某些特定行业或特定工作的人，可直接称呼对方的职业，如老师、医生、会计等。也可以在职业前加上姓氏、姓名，如王老师、李医生、张会计等。

（四）称呼性别

对于从事商界、服务性行业的人，一般约定俗成地按性别的不同分别称呼"女士""小姐""先生"。其中，"小姐"是对未婚女性的称呼，"女士"是对已婚女性的称呼。

（五）称呼姓名

在工作岗位上称呼姓名，有3种情况。

① 直呼其名。一般在年龄、职务相仿的好同学、好朋友、好同事之间常用这种称呼。

② 只呼其姓，不称其名，但要在姓前面加上"老""大""小"，如"老张""大李""小孙"等。

③ 只呼其名，不称其姓。通常是上司称呼下级、长辈称呼晚辈。在亲友、同学、邻里之间，也可使用这种称呼。

三、称呼的正确使用

① 同志。志同道合者称同志。例如，政治信仰、理想、爱好等相同者，都可称为同志。

② 老师。该词原意是尊称传授文化、知识、技术的人，后泛指在某些方面值得学习的人。

③ 师傅。这一词原意是指对工、商、戏剧行业中传授技艺的人的一种尊称，后泛指对所有有技艺的人的称谓。

④ 先生。在我国古代，一般称父兄、老师为先生，也有称郎中（医生）、道士等为先生的。在某些地区，已婚妇女对自己的丈夫或称别人家的丈夫为先生。

知识链接：称呼时要避免失敬的做法

1. **错误的称呼**

常见的错误称呼主要指误读或误会。

① 误读。误读是指念错对方的姓名。在我国有许多姓氏属于多音字，容易读错。例如，将仇姓中的"仇（qiú）"误念为"chóu"，将查姓中的"查（zhā）"误念为"chá"，将解姓中的"解"（xiè）误念为"jiě"，等等。也有些不常用的字，容易读错。为了避免这种情况的发生，对于不认识的字，事先要有所准备；如果是临时遇到，就要虚心请教。

> 在人与人的交往中，礼仪越周到越保险。
>
> ——托·卡莱尔

② 误会。误会主要是因为对被称呼者的年纪、辈分、婚否及与其他人的关系做了错误的判断。例如，将未婚妇女称为"夫人"，就属于误会。

2. 使用不通行的称呼

有些称呼具有一定的地域性，如山东人喜欢称呼"伙计"，而南方人认为"伙计"就是"打工仔"。中国人习惯称配偶为"爱人"，但在外国人的意识里，"爱人"就是"第三者"的意思。

3. 使用不当的称呼

工人可以称呼为"师傅"，学生之间称"同学"，军人之间称"战友"，道士、和尚、尼姑可以称为"出家人"。如果用这些来称呼其他人，就显得很不适当。有时候会让对方产生被贬低的感觉。

4. 使用庸俗的称呼

有些称呼在正式场合不适合使用。例如，"兄弟""哥们儿"等一类的称呼，虽然听起来亲切，但显得档次不高。

5. 称呼外号

对于关系一般者，切勿自作主张给对方起绰号，更不能随意以道听途说的绰号去称呼对方，也不要随便拿别人的姓名或生理缺陷乱开玩笑，如拐子、秃子、罗锅、四眼、傻大个儿、麻杆儿等。

另外，对年长者的称呼要恭敬，不可直呼其名。

第二节 日常见面礼仪

任务目标

1. 在人际交往中能够熟练运用标准的握手、鞠躬等见面礼仪。
2. 了解并避免握手、鞠躬的礼仪禁忌。

在社会交往中，人们往往在见面的时候需要向交往对象行礼，以表达自己对对方的敬意、友好和尊重，这就是我们所说的见面礼。见面礼是人与人之间交往的第一步，在礼仪中占有重要的地位，它给人以第一印象，并获得"首因效应"。目前，在世界上比较流行的见面礼节有对别人的称呼礼、握手礼、鞠躬礼、合十礼、拱手礼、拥抱礼、亲吻礼、举手礼、脱帽礼、注目礼等，其中握手礼是我国乃至世界最通行、最普遍采用的礼节形式。

一、握手的礼仪

握手是一种沟通思想、交流感情、增进友谊的重要方式。握手是在相见、离别、恭贺或致谢时相互表示情谊、致意的一种礼仪，双方往往是先打招呼后握手致意。在正式场

合，无论是对男性还是女性来说，握手确实是唯一恰当的身体接触。

史前时期，人类的祖先以打猎为主，世界对他们来说是充满危险的。因此，当陌生人相遇时，如果双方都怀着善意，便伸出一只手，手心向前，向对方表示自己手中没有石头或武器，待走近之后，两人互相摸摸右手，以示友好。这样沿袭下来，便成为今天人们表示友好的握手。

案例分析

> 一位旅美华人在家乡举办了一次酒会，宴请当地几个房地产界的商人，希望借宴会增进彼此间的了解，寻找合适的合作伙伴。郑先生是本地房地产大户，声名远扬，是旅美华人最为看好的合作对象。但遗憾的是，旅美华人与郑先生握手时，握到了一只潮湿柔软的、被动无力的手，这只死鱼一般的手与它主人洒脱热情的外表极不相称。握手以后，旅美华人对郑先生心生巨大的失望和厌恶。最终，这次合作机会被另一位实力稍逊的地产商获得。郑先生在房地产界大大丢了面子，事后却百思不得其解。

（一）握手的场合

何时宜行握手礼仪，这是一个十分复杂而微妙的问题，它通常取决于交往双方的关系、现场的气氛、当事人个人的心情等多种因素。

① 适宜握手的场合：对方将手伸向你；与人初次见面；与客人打招呼；与主人打招呼；与熟人重逢；与人告别。

② 不必握手的场合：对方手部负伤；对方手部负重；对方手中忙于他事，如打电话、用餐、喝饮料、主持会议、与他人交谈等；对方与自己距离较远；对方所处环境不适合握手；在同一天里，如果两人在不同的场合多次见面，通常是第一次见面握手后，第二次只需微笑致意打个招呼即可，或者说句客套话"又见到您了""很高兴见到您"，而不必每次都握手。

（二）握手的顺序

① 一般讲究"尊者决定"，即女士、长辈、已婚者、职位高者伸出手之后，男士、晚辈、未婚者、职位低者方可伸出手去呼应。

② 若一个人要与许多人握手，要按照尊者为先的原则，握手的顺序为：先长辈后晚辈，先主人后客人，先上级后下级，先女士后男士。

（三）握手的方法

① 握手时应先摘下帽子，脱去手套，否则会被认为是失礼或没有教养的表现。握手的标准方式：初次见面距握手对象一步左右，双腿立正，上身略向前倾，自然屈肘，手约与对方腰带平高，将虎口一直伸向对方虎口，握对方手掌部位，虎口相对，四指并拢，拇

在人与人的交往中，礼仪越周到越保险。
——托·卡莱尔

指张开与对方相握，并上下抖动几下。握手时，应目视对方并面带微笑。

② 在正常情况下，握手的时间不宜超过 3 秒，必须站立握手，以示对他人的尊重、礼貌。

案例分析

> 王先生遇见一位他很敬重的学者，这位学者正和其他的人谈话。王先生想，在这么多人面前，应该更加表示对学者的尊敬。于是在握手时，他用左手盖在对方的手背上，以示亲密，并长时间地握住学者的手不放，并寒暄了几分钟。

（四）握手应掌握的七要素

① 握手力度适中：不宜过大，但也不宜毫无力度。

② 握手时要注意将手抬到手肘的高度，轻轻一握或上下抖动。男士与女士握手时，不宜用力，更不要久握。

③ 握手时，年轻者对年长者、职务低者对职务高者都应稍稍欠身相握。有时为表示特别尊敬，可用双手迎握。

④ 年轻者、职务低者被介绍给年长者、职务高者时，应根据年长者、职务高者的反应行事，如当年长者、职务高者用点头致意代替握手时，年轻者、职务低者也应随之点头致意。

⑤ 多人同时握手时应按顺序进行，值得注意的是在有些场合，如集体迎接、宴会入场等场合，切忌交叉握手。如果别人已在握手，而你自己的手又已经伸出去，这个时候要马上把手收回来并表示歉意。

⑥ 握手必须基于双方之自然意愿，不可强求，无特殊情况拒绝对方主动要求握手的举动都是无礼的，但手上有水或不干净时，可以谢绝握手，同时必须解释并致歉。

⑦ 老朋友、老熟人可边握手边问候，两人的手甚至可以长时间握在一起。

案例分析

> 陈刚去某贸易公司应聘，招聘主管是个女士。因为事先看过陈刚的简历，女主管觉得陈刚很有实力，认为他是个人才。面试进行得很顺利，陈刚给女主管留下了很好的印象。面试结束时，女主管热情地伸出右手，说："小伙子，表现不错！"陈刚赶忙伸手相握，他手心朝下，像铁钳一般握住女主管的手。女主管面露惊异之色。她想：这个小伙子太傲了。陈刚就这样被女主管从新员工名单中删掉了。

生活里最重要的是礼貌，它比最高的智慧、比一切学识都重要。
——赫尔岑

第四章 日常生活展素养

> 知识链接：握手的禁忌
>
> ① 用左手与他人握手。
> ② 握手时戴着手套、墨镜等饰物。
> ③ 握手时将另外一只手插在衣袋里。
> ④ 握手时另外一只手依旧拿着东西而不肯放下。
> ⑤ 握手时面无表情，不置一词。
> ⑥ 握手时长篇大论，仅仅握住对方的手指尖。
> ⑦ 在对方握住你的手时毫无反应（被称为"死鱼似握手"）。
> ⑧ 以肮脏不洁或患有传染性疾病的手与他人相握。
> ⑨ 在与人握手后，立即揩拭自己的手掌。
> ⑩ 无任何特殊情况却拒绝与对方握手。

在人与人的交往中，礼仪越周到越保险。

——托·卡莱尔

二、其他日常见面礼仪

（一）鞠躬礼仪

鞠躬，即弯身行礼，是表示对他人敬重的一种郑重礼仪，也是与人交往时展现个人素质的优美姿态之一。在我国，鞠躬常用于下级向上级、学生向先生、晚辈向长辈表达由衷的敬意，也常用于服务人员向宾客致意，有时还用于向他人表达深深的感激之情。

1. 鞠躬的礼仪要求

① 必须立正、脱帽，鞠躬前目视对方，女性一般双手在体前搭好，右手搭在左手上，面带微笑，以表尊重的诚意。

② 鞠躬时，身体以腰部为轴，整个腰及肩部向前倾斜30°。

③ 鞠躬时，必须脱下帽子，目光向下看，这表示一种谦恭的态度。

④ 礼毕直起身时，双眼应该有礼貌地注视着对方。如果迎面碰上对方鞠躬，则在鞠躬过后向右边跨出一步，给对方让开路。

⑤ 如果是服务行业，还要在鞠躬的同时说"您好""早上好""欢迎您光临"等话语。

2. 鞠躬的禁忌

① 不可以一面鞠躬，一面翻起眼睛看着对方。

② 鞠躬时，嘴里吃东西或叼着香烟，或者边鞠躬边说与行礼无关的话。

③ 鞠躬后，视线移向别处，如果行礼后眼睛没有注视着对方，即使行礼也会让人感到不是诚心诚意的。

知识链接：鞠躬起源

在我国商代有一种祭天仪式——"鞠祭"：祭祀者先把祭品（猪、牛、羊）整体弯卷成圆的鞠形，再摆到祭坛奉祭，以此来表达祭祀者的恭敬与虔诚。这种习俗在某些地方一直保持到现在。人们在现实生活中，逐渐援引这种形式来表达自己对地位崇高者或长辈的崇敬。于是，弯一弯腰，象征性地表示愿把自己作为鞠祭的一个牺牲品而奉献给对方。这就是"鞠躬"的来历。

（二）致意礼仪

致意是一种不出声的问候礼仪。在社交场合，人们往往采用招手致意、欠身致意、脱帽致意等形式来表达友善之意，其中点头示意应用得最为广泛。

点头致意的要求为：目光注视对方、微笑、点头，常用于相识的人在公众场合不方便说话或距离很远时打招呼。恰到好处的示意会让对方感到你的重视和诚意，从而促进双方的友谊和进一步的沟通，正可谓"此时无声胜有声"。

（三）亲吻礼仪

亲吻是源于古代的一种常见礼仪，人们常用此礼仪来表达爱情、友情、尊敬或爱护。据说它起源于婴儿与母亲间的嘴舌相昵，也有人说它源于史前人类互舔脸部来吃盐的习俗。据文字记载，在公元前，罗马与印度已流行公开的亲吻礼仪。

1. 亲吻部位

亲吻往往与一定程度的拥抱相结合。不同身份的人，相互亲吻的部位是不同的。夫妻、恋人或情人之间，宜吻唇；长辈与晚辈之间，宜吻脸或额；平辈之间，宜贴面。在公开场合，关系亲密的女士之间可吻脸，男女之间可贴面，晚辈对尊长可吻额，男士对尊贵的女士可吻其手指或手背。

2. 现代西方的亲吻礼仪

① 法国人不仅在男女间，而且在男士间也多行此礼。法国男士在亲吻时，常常行两次，即左右脸颊各吻一次。

② 比利时人的亲吻比较热烈，往往反复多次。

③ 在许多国家的迎宾场合，宾主往往以握手、拥抱、左右吻面或贴面的连动性礼节表示敬意。

第三节　介绍礼仪

任务目标

得体地进行自我介绍、介绍他人，更好地与人相识。

第四章 日常生活展素养

案例分析

> 小顾有心让朋友老张和自己的新朋友小朱认识，正好有次小朱陪小顾看展览时遇到了老张。小顾马上热情地招呼老张。小顾先对小朱说："这就是我常和你提起的老张，是泥塑高手。"随即对老张说："老张，这是我新认识的朋友，小朱，对泥塑挺有研究的。"人到中年的老张见小朱只是个20多岁的普通青年，不禁感到被介绍给他很丢面子，打个哈哈就走了。接下来，老张不仅没接受小朱这个朋友，而且把小顾也冷落了。

介绍他人，又称第三者介绍，它是第三者为彼此不相识的双方进行引见的一种介绍方式。在为他人做介绍时，先介绍谁，后介绍谁，向来都是一个十分敏感的礼仪问题。根据社交礼仪的规范，处理这一问题时必须遵守"尊者优先了解情况的法则"。其含义是：在为他人做介绍前，首先要确定双方地位的尊卑，然后先介绍位卑者，后介绍位尊者，这样做，可以使位尊者优先了解位卑者的情况，以便见机行事，在交际中掌握主动权。确保位尊之人拥有"优先知情权"这一法则，又称"后来居上法则"。案例中的小顾显然违反了这一法则，老张与小朱相比年龄上应属于长者，根据这一法则，应先介绍年幼者，后介绍年长者，而小顾却正好相反。老张是泥塑高手，小朱只是稍有研究，老张应为长辈，小朱应为晚辈，根据"后来居上法则"小顾应先介绍晚辈，后介绍长辈，这样好让老张能见机行事。因此小顾此番介绍以失败而告终也不足为奇了。

在社交或商务场合，如能正确地利用介绍的礼仪，不仅可能扩大自己的交际圈，广交朋友，而且有助于进行必要的自我展示，自我宣传，并且替自己在交际中消除误会，减少麻烦。介绍可以在许多场合使用，如宴会、舞会、亲友聚会、会议等场合。根据介绍人的不同，介绍可以分为自我介绍和他人介绍。

一、自我介绍

在社交场合中，如果想结识某个人或某些人而又没有人引见时，可以自己充当自己的介绍人，把自己介绍给对方，以使对方认识自己。在确定自我介绍的内容时，要兼顾实际情况和所处场景，即要有鲜明的个性和针对性，不能"千人一面"，以加深别人对你的印象。

① 应酬式的自我介绍，适用于某些公共场合和一般的社交场合，应该简单明了，只介绍一个姓名即可。例如，姓名为李华，可以介绍为"你好，我叫李华，木子李，中华的华"。

② 工作式的自我介绍，适用于工作场合，包括本人姓名、供职单位及其部门、职务或从事的具体工作等。例如，"你好，我叫李华，是中新电脑公司的销售经理""我叫王小刚，我在水利学院任教"等。

③ 社交式的自我介绍，则需要进一步的交流和沟通，在介绍姓名、单位和工作的基础

在人与人的交往中，礼仪越周到越保险。
——托·卡莱尔

上，进一步介绍兴趣、爱好、经历、同交往对象的某些熟人的关系等，以便加深了解，建立情谊。例如，"你好，我叫李华，我在中新电脑公司上班。我是王其的老乡，我俩都是青岛人"。

> **知识链接：自我介绍应注意的地方**
>
> ① 把握时机：要抓住时机，在适当的时候进行自我介绍。选择在对方有空闲而且情绪较好时进行自我介绍，容易引起对方的关注。
>
> ② 讲究态度：进行自我介绍，态度一定要自然、友善、亲切、随和。应落落大方，彬彬有礼。既不能唯唯诺诺，又不能虚张声势，轻浮夸张。语气要自然，语速要正常，语音要清晰。
>
> ③ 真实诚恳：进行自我介绍要实事求是，真实可信，不可自吹自擂，夸大其词。
>
> ④ 内容简洁：进行自我介绍时，语言应简练，尽可能地节省时间，以半分钟左右为佳。为了节省时间，做自我介绍时，还可递上名片和介绍信等。

二、为他人介绍

在社交场合，我们往往有为不相识者彼此引见一下的义务，这便是为他人做介绍，即他人介绍。他人介绍应当将被介绍的双方均做一番介绍。遇到下列情况，有必要进行他人介绍，如与家人外出，路遇家人不相识的同事或朋友；陪同上司、长者、来宾时，遇见了只与自己相识的人，而对方又跟自己打了招呼；自己的接待对象遇见了其不相识的人士，而对方又跟自己打了招呼；在家中或办公地点，接待彼此不相识的客人或来访者；打算推介某人加入某一方面的交际圈；受到为他人做介绍的邀请等。

介绍他人，应做到以下3点。

① 要注意介绍人的身份。在公务交往中，介绍人应由公关礼仪人员、秘书担任；在社交场合，介绍人则应由女主人或被介绍的双方均有一定交情者担任。

② 合理安排被介绍者的先后次序。按照礼仪中尊者优先的原则，在介绍时应遵循将男士介绍给女士，将晚辈介绍给长辈，将下级介绍给上级，将非官方人士介绍给官方人士，客人介绍给主人等顺序进行。

③ 要注意介绍的内容。为他人介绍的内容，大体与自我介绍的内容相仿，可酌情在3项要素的基础上进行增减。作为第三者介绍他人相识时，要先向双方打一声招呼，让被介绍的双方都有所准备。同时，作为被介绍的一方，也应注意自己的言行举止，要目视对方，面带微笑，如有必要时应起立，并主动与对方握手，可以说"很高兴见到你，张先生"之类的话。

三、集体介绍

集体介绍是他人介绍的一种特殊形式，即被介绍者一方或双方不止一人，大体可分2种情况：一是为一人和多人做介绍；二是为多人和多人做介绍。

1. 集体介绍的时机

① 规模较大的社交聚会，有多方参加，各方均可能有多人，为双方做介绍。

② 大型的公务活动，参加者不止一方，而各方又不止一人。

③ 涉外交往活动，参加活动的宾主双方皆不止一人。

④ 正式的大型宴会，主持人一方人员与来宾均不止一人。

⑤ 演讲、报告、比赛，参加者不止一人。

⑥ 会见、会谈，各方参加者不止一人。

⑦ 婚礼、生日晚会，当事人与来宾双方均不止一人。

⑧ 举行会议，应邀前来的与会者往往不止一人。

⑨ 接待参观、访问者，来宾不止一人。

2. 集体介绍的顺序

进行集体介绍的顺序可参照他人介绍的顺序，也可酌情处理。但注意越是正式、大型的交际活动，越要注意介绍的顺序。

① 少数服从多数。当被介绍者双方地位、身份大致相似时，应先介绍人数较少的一方。

② 强调地位、身份。若被介绍者双方地位、身份存在差异，虽人数较少或只一人，也应将其放在尊贵的位置，最后加以介绍。

③ 单向介绍。在演讲、报告、比赛、会议、会见时，往往只需要将主角介绍给广大参加者。

④ 笼统介绍。若一方人数较多，可采取笼统的方式进行介绍，如"这些是我的家人""这些是我的同学"等。

第四节　接待礼仪

任务目标

1. 接待、拜访符合礼仪规范。
2. 拜访他人要注意时间点的把握。

一、会客礼仪

交友会客是工作中经常遇到的社交活动。有客来访，如果是事先约好的，就应该先做准备。自己要仪容整洁，房间要打扫干净，室内物品放置妥当，尽量创造一种良好的气

氛，使客人有宾至如归的亲切感。

客人来后，无论是熟人还是初交，是上级或是下级，都要热情招呼。通常情况下，主人应该请客人坐上座，自己坐在一旁陪同，并由家人或工作人员送茶。客人来访时可能会带一些礼物，主人接受礼物时，眼睛应注视着对方（不能死盯着礼物）双手捧接，并表示感谢。一般可以客套几句，如"太客气了""让你破费了"之类的话。按中国的传统，接过礼物后，一般不打开，要等客人走后才打开。但按照欧美国家的习惯，则接过礼物后应立即打开，并比较具体地称赞一番。要是知道礼品比较贵重，还是当面拆开包装为好，若原封不动地放在一旁，会让客人觉得你对他所送的礼品毫无兴趣，因而产生不愉快的感觉。打开礼物时，一定要注意不能漫不经心地撕开包装，如礼品上扎有彩带，解开后不能乱丢。不管收到的礼品怎么样，主人都要表现得很高兴；即便收到的礼品不合心意，也要像接受自己所喜爱的礼品一样，说上几句感谢对方和赞美礼品的话。

如家中有朋友时，又来了"不速之客"（指事先没约的客人），两方客人可能会感到不便。这时主人可介绍双方互相认识，一同接待。若有事先需与其中一方交谈时，可向另一方坦诚相告，并让家中其他成员接待他，切不可就此冷落一方，使人感到待人有亲疏厚薄之别，造成误会，伤害感情。

对来访之客敬之以烟，待之以茶，是中国人的传统习惯。如主人会吸烟可陪同客人一起吸，先为客人点火，然后再给自己点。如果客人不吸烟，不必强行递送。主人不能独自吸烟，如在场的客人有女士，则更应注意，不征得同意不能吸烟。

为客人沏茶之前，要先洗手，洗净茶杯。茶水不要沏得太浓或太淡。斟茶时，斟七分满就可以了。上茶时，要用双手把茶杯递给客人，并说一声"请"，若客人较多，应先给主宾上茶。

知识链接：

我国旧时有以"再三请茶"作为提醒客人应当告辞的做法。因此，在招呼老人或海外华侨时要注意，不要一而再、再而三地劝其饮茶，以免造成不必要的误会。与客人交谈时，不要频繁地看钟表，或是在客人面前打哈欠，因为这无异于在下逐客令。如客人有事须与主人单独交谈时，家中其他成员应主动回避，不要围坐着听。当客人提出告辞，一般当婉言相留。因为有的客人虽想继续交谈一会儿，但又顾虑会影响主人家的生活或工作，于是以"告辞"观察试探主人的反应。对这样的客人如不加挽留，就急于送客是不礼貌的。但如果客人确实是想走，也无须强留。客人告辞时，要等客人起身后，主人再站起来。不能客人一说要走，主人就先站起来，摆出送行的架势，这是不礼貌的。

二、拜访礼仪

拜会他人是人际交往中常有的事，必须做到庄重得体，不失身份。因此，在拜会与告辞方面要遵循一些礼仪规则。

第四章 日常生活展素养

拜会他人，首先应选择适当的时间，尽量避开对方吃饭的时间、午休的时间和快下班的时间。若选择在晚上去，时间不宜太晚，更不要在对方休息的时间去打扰，这会引起对方的反感与不满。要事先约好时间，以免扰乱被访者的正常工作、生活秩序，也可避免扑空。如果临时有急事需要拜访人，应先用电话联系，征求对方同意后再登门拜访。若是求职、应聘去单位拜访，最好不要放在周一上午或周末。因为周一这个时间，领导们往往要开例会研究布置这一周的工作，难以接待来访者；周末又要进行总结，或安排双休日的活动。这样的时间去谈求职应聘之类的事是不合时宜的。当然，如果事先有约，是有别于上述情况的。

其次，拜访他人时，应先敲门或按门铃，等有人回应再进去。不要敲完门就贸然进去，更不要不敲门就直闯他人内房。随身的衣帽雨具不要乱扔，应放在主人指定的地方。进门后，应按主人的指引进入某一间房间。如果主人家里铺有地毯等高级地面装饰物，则应征求主人意见，是否换拖鞋后再进入。进门后，不仅要向拜见的人打招呼，还应向遇见的其他人（包括主人的同事、家人）打招呼，否则会显得无礼，招致主人的反感。

案例分析

> 某公司新建的办公大楼需要添置一系列的办公用具，价值数百万元。公司的总经理决定向A公司购买这批办公用具。这天，A公司的销售部负责人打来电话，要上门拜访这位总经理。总经理打算，等对方来了，就在订单上盖章，定下这笔生意。
>
> 不料对方比预定的时间提前了2小时，原来对方听说这家公司的员工宿舍将在近期内落成，希望员工宿舍需要的设备也能向A公司购买。为了谈这件事，销售负责人还带来了一大堆资料，摆满了台面。总经理没料到对方会提前到访，刚好手边又有事，便请秘书让对方等一会。这位销售员等了不到半小时，就开始不耐烦了，一边收拾起资料一边说："我还是改天再来拜访吧。"这时，总经理发现对方在收拾资料准备离开时，将自己刚才递上的名片不小心掉在了地上，对方却并没发觉，走时还无意地从名片上踩了过去。这个不小心的失误，令总经理改变了初衷。A公司不仅没有机会与对方商谈员工宿舍的设备购买，连几乎到手的数百万元办公用具的生意也告吹了。

拜会他人要彬彬有礼。初次拜访，应注意言谈举止，切忌随意乱讲。主人点烟、倒茶时，要说声谢谢，坐姿要端正、文雅，拜访时间不宜太长。

最后，关于告辞的礼仪。告辞应由客人提出，态度要坚决，行动要果断，不要嘴上不停地说"该走了"，却迟迟不动身。对于参与接待而告别时不在场的主人家庭成员，应该请在场的主人转达告别之意，以示对该家庭成员的尊重。走出门后应坚决请主人留步，并主动伸手与之握手告别（主人先伸手不礼貌，有厌客之嫌）。切勿再扯新的话题。如果主人有所款待，还应多说声"谢谢"。

> 在人与人的交往中，礼仪越周到越保险。
> ——托·卡莱尔

第五节 电话礼仪

任务目标

1. 礼貌地使用电话进行沟通。
2. 礼貌地使用手机进行交流。

一、打电话礼仪

电话是现代通信工具之一。随着科技的发展和生活水平的提高,电话的普及率越来越高。电话不仅是一种通信手段,也成了一种交际方式。双方的声音、态度、举止虽远在千里之外都是可以感受到的。只要听听电话的交谈内容,就可以判断一个人的教养水平和文化程度。为了正确使用电话,树立良好的"电话形象",无论是发话人还是受话人,都应注意了解和把握好打电话和接电话的礼节。

打电话是一种特殊、快捷的交往方式,说它快捷,两人即使相距遥远,通话时却犹如近在咫尺;说它特殊,彼此"只闻其声,不见其影"。既然通话只靠声音进行交流,因此,打电话和接电话者均应格外注意音量、语气及谈话内容,以便给对方留下美好的印象。

① 音量适中。通话时声音不要太大,以免使对方震耳欲聋,但是为了保证对方听得清楚,发音要清晰,吐字要准确。

② 语气亲切、柔和。通话时应当热情友好,娓娓道来。通情达理的电话交流,能使人心情舒畅,精神愉快;反之,装腔作势,语气生硬,则令人失望和反感。

③ 语言简明,节约时间。现代生活节奏加快,人们时间观念加强,打电话应注意通话时间,讲究语言明确、具体、简练,尽可能用较少的时间表达完整的意思,提高电话的使用率。

打电话要注意以下礼节。

① 选择适当时间。白天应在早上 8 点以后,假日最好在 9 点以后,夜间则应在 22 点之前打电话,以免影响对方休息。往办公室打电话谈公事,尽量在对方上班 10 分钟之后和下班 10 分钟之前通电话,最好避开临近下班的时间,这时对方可以从容地听电话。与国外通话,还需注意时差和生活习惯。

② 注意通话所需的时间。电话交谈所持续的时间,一般在 3~5 分钟为宜,如果一次电话要占用 5 分钟以上,或者电话交谈的内容较多,就应该首先说出你要办的事情,并问一下:"您现在和我通话方便吗?"假如对方回答不方便,就应以商量的口吻和对方另约一个时间,或约对方待会儿再打过去。

③ 查清对方电话号码,并正确拨号。如弄错了,则应向接电话者表示歉意。说声

"对不起""打扰您了"等，切勿直接挂断电话，不作任何解释。拨号铃响几下没人接时，应耐心等待片刻再挂断。否则，如果对方正巧不在电话机旁，待匆匆赶来时电话已挂断，这也是失礼的。

④ 拨通电话后，用语要规范，通话之初，应先向对方问好，然后立即简要报出自己的身份和姓名及要通话的人名，如"您好！我是××公司的××，请帮忙找××先生（小姐）接电话，谢谢！"。若要找的通话人不在，请求转告时，留言要简洁明了，讲清自己的姓名和电话号码。

⑤ 电话内容要尽可能简单、明了。可以事先准备好通话的内容、顺序和所用的资料。打电话者是电话交谈的主动行动者，要做好充分的准备，免得接通电话以后结结巴巴，语无伦次，让人不得要领。尤其给陌生人或者上司打电话时，应该给对方以沉着、思路清晰的感觉。电话机旁应备有笔与记事簿，以免需要记录时因忙乱而耽误对方的时间。

⑥ 通话结束时应有礼貌。打电话的一方，应该先结束话题，结束时要说些客套的结束语，如"拜托了""麻烦你了""打扰您了""请多多指教""谢谢""再见"等礼貌用语，话筒应轻放。

二、接电话礼仪

① 听见电话铃声应立即准备接电话，宜在电话铃声响过两三遍时，拿起话筒，拖的时间长了会给人不愉快的感觉。遇到距离自己较近的电话铃声鸣响，即使不是自己的专用电话，也应主动接听，帮助转达消息。

② 拿起电话听筒时，应中断任何交谈。作为企业电话，最忌讳一边说笑、吃东西、一边接听电话，否则通话的对方往往首先对接电话的人反感，继而对这家企业产生不佳的印象。由此接电话时应停止谈话，间隔一定的呼吸时间，再拿起听筒，聆听对方的讲话，并不时用"嗯""对"等给予对方积极的反馈。

③ 接听电话应先问候"您好"，再自报本单位的全称或规范简称及个人姓名，让对方明白是否打对了电话。然后再请问对方找谁。切忌自己什么也不说，只是一味地问："你是谁""你找他有什么事"等，这是不礼貌的。如对方找的人不在，不能把电话一挂了事，可询问对方是否需要转告和留下再次联系的方式及有关内容。

④ 正确记载来电话者所欲传达的事项。

⑤ 如果自己手头工作正忙，不能和对方长谈，则可委婉地告诉对方等会儿再打。

⑥ 通话完毕应让对方先挂断电话，当电话交谈结束时，可询问对方"还有什么事吗""还有什么要求吗"之类的客套话。最后可以说"再见"，等对方放下话筒后，自己再放下。

三、移动电话礼仪

（一）遵守公德

在教学场所（包括课堂、实验室、图书馆）和医院、会议室、礼堂、法院、法庭、戏

> 在人与人的交往中，礼仪越周到越保险。
> ——托·卡莱尔

院、影院等需要保持安静的公共场合，打手机或手机铃响是极不礼貌的，应立即关机，或改为振动式来电显示。

（二）勿碍他人

在电梯内、车厢中、餐厅内等人群集中的场合接听或拨打手机，应调低音调，压低嗓门，对方能听清即可，尽量少用或不使用"体势语"，让干扰减少至最低限度。

（三）保持畅通

改换了手机号码后，应及时告知自己的重要交往对象，以保持联络的畅通。

（四）尊重对方

若在谈话中需要接手机，除了礼貌地说"对不起"之外，还应走至无人处或面对无人的方向，不可面对他人接话，更不可边听谈话边接手机。

（五）重视私密

不轻易向他人索要手机号码，不随意向他人借用手机，也不应使用手机讨论机密事项或个人私密。

（六）确保安全

不要在驾车时使用手机，这种边开车边打手机的做法是非常危险的。也不要在对电磁波敏感的地方使用手机，在飞机上使用手机会干扰飞机上的通信网络，危及飞机安全，所以乘客在登机前一定要关闭手机，以免导致飞行事故。在医院有关检验室、加油站附近、燃料库、化工厂、进行爆破作业的地点，应该禁用手机，以防无线电信号引起爆炸。

（七）科学使用

我们在使用手机的过程中，一定要注意如下事项，以减少辐射对自己的威胁：直接用送话口通话；在使用手机时，可以采用手机专用耳机，实行远距离使用是减少辐射比较有效的办法；手机接通瞬间释放的电磁波容易致癌，所以手机响时，一秒钟后再听。

（八）放置到位

携带的手机应放在公文包、坤包或上衣口袋内，不宜握在手里，或者挂在衣服或腰带上，以免给人不雅或摆阔的印象。

第四章 日常生活展素养

实训环节

1．熟悉不同称呼的使用要求，纠正自己日常交往中的不当称呼。

2．在课堂上以小组形式，同学之间演练互相做他人介绍、异性握手、递接物品。

3．自我介绍应注意哪些问题？若你参加一个酒会，要想让大家认识你，将如何进行自我介绍？

4．同学之间相互以客人及主人的身份来接待和拜访对方，从而来纠正自己哪些地方做得不够。

5．简述接打电话和手机的基本注意事项。

微课天地

日常生活展素养

> 在人与人的交往中，礼仪越周到越保险。
>
> ——托·卡莱尔

第五章

巍巍学府育英才

> 良好的礼貌是由微小的牺牲组成。
> ——爱默生

引导案例

镜头一：今天天气晴朗，阳光明媚。我一踏进校园的大门，一个个穿戴整齐的同学从我身边经过，一声声"老师早""老师好"的问候声向我耳边传来，我一一回应着，心里涌起一种说不出的快乐。

镜头二：下课了，同学们一个个地走出教室，不打不闹不奔跑；上下楼梯靠右行，不拥不挤不跑跳，偶尔也会有听见"对不起""没关系"的说话声。操场上欢歌笑语，一阵风吹过，不知道从什么地方飞来了一个塑料袋，一位男同学看见了，弯腰捡起了塑料袋，一路小跑把塑料袋放进了垃圾桶。

镜头三："叮铃铃……"放学铃声响过，同学们排着整齐的队伍走向食堂，开始有序地就餐。

古人云"不学礼，无以立""人无礼而不生，事无礼而不浅，国无礼则不宁"。讲文明礼仪是中华民族的传统美德，是中国古代文化的精髓。我们学生的"文明礼仪养成教育"就更显得至关重要。

第一节　学生礼仪

任务目标

1. 了解在校园生活中如何做到尊师重教。
2. 了解在校园生活中同学间如何和睦相处。
3. 了解并遵守学生宿舍礼仪规范。

第五章 巍巍学府育英才

案例分析

中国有句古话:"师同父母。"大家一定知道"程门立雪"这个成语吧。宋代有位名声显赫的大学问家,名叫程颐,同代人杨时对他十分仰慕,早有拜他为师之意。时值隆冬大雪,程颐正在房中睡觉,因此杨时只好在门外恭敬等候。等到程颐醒来,门外积雪已一尺多深,杨时也成了一个雪人。程颐为杨时至诚至真的精神所感动,终于收其为弟子。

一、尊师重教

尊师是中华民族的传统美德,也是礼仪规范的一项传统内容。学生对于教师的尊敬,首先要在行为上尊敬教师。无论是在课堂、课间、教师办公室,或外出行走、乘车、就座,学生都应施"弟子礼",处处对老师进行礼让,维护老师的尊严。其次,在态度上尊敬老师。在同老师平日交往时,应对其毕恭毕敬,不可过分随便。无论在校内校外,学生对老师应主动问候并欠身施礼,不可直呼其名或绰号。

(一)认真学习,听从教诲

勤奋学习、早日成才,始终都是老师对学生寄予的最大期望,而好学上进、刻苦读书,则是学生对老师的最好回报。作为学生,无论是从学习知识的角度,还是从尊敬老师的角度来讲,上课时都必须专心致志地听讲。这也是对教师付出的心血所表示的尊重。学生要学而不厌,老师要诲人不倦。

教育学生是每位教师的天职。古人云:"教不严,师之惰。"老师对学生的批评、帮助,既是其教书育人的神圣职责,也是其爱护、关心学生的一种十分具体的表现。对于老师的教诲,每一名学生都应端正态度,虚心加以接受,并且要表示感谢之意,不可不屑一顾。听从教诲,心领神会,对于老师的批评帮助,学生要"有则改之,无则加勉"。如老师的批评有偏差之处,或出现"过激语言",学生应冷静加以对待。不要当众顶撞老师或与老师发生正面冲突,而应在适当之时,以恭敬的态度向老师作出解释,以消除老师的误会。

(二)主动与老师交往

老师在工作中对学生是真心实意、认真负责的,都希望成为学生的良师益友。所以,同学们在与老师交往中,应打消思想上的顾虑,从心理上和感情上缩短与老师间的距离,对老师产生亲近感和信任感,把老师当成知心朋友。当然这里需要指出的是,对于学生所说的话和想做的事,老师不能轻易公开,即使特殊情况需要公开,也必须征求学生的意见,以免学生对老师形成不好的印象。当然,也有同学自觉或不自觉地把老师与学生之间的关系,当成一种领导与被领导、管理者与被管理者之间的关系,因而与老师交往时表现出紧张,甚至恐惧,常常对老师敬而远之,从而影响师生间的关系。老师,尤其是因老教

礼貌是儿童与青年所应该特别小心地养成习惯的第一件大事。
——洛克

师教过的学生太多，难以一一熟记；或因工作较忙，不能经常到学生中去；或因教学任务结束后，不再有机会与学生交往，学生应主动保持和扩大与老师的交往。对于学生来说，不要因顾忌老师是否记得自己而放弃与老师的交往。事实上与老师交往，不仅仅是为了学习期间的学习、生活，而且对学生今后走向社会，扩大交往面都有着极大的影响。善于交往的学生，一般在社会中的适应能力就强，而那些不善于交往的学生，是很难适应社会的。学生在与老师的交往中，会学到许多社会知识。

（三）支持与关心老师

大学里的老师无论是从事教学工作，还是从事管理工作，工作都是比较繁重的。专职老师要想完成好教学任务，需要认真备课、辅导与批改作业，深入研究问题，广泛查阅资料，甚至还担任校内校外的一些兼职工作；而从事思想教育和学生管理工作的老师，则要依靠组织活动、开展教育、热心服务来完成管理育人、服务育人的任务。因此，学生在上课前，应主动帮助老师拿教具、做准备、擦黑板、打开水等；课后，帮助老师送教具、整理实验室、抄写资料等。当老师生病或家庭发生重大事故时，应及时前去看望和慰问。需注意的是，师生之间是道义交往，不要把这种关系演变为社会上的那种庸俗关系，应当保持师生间的那份真挚的情谊。

二、同学间相处的礼仪

学生在学校里来往最频繁的就是同学。学习、生活上的频繁交流，使得同学之间的关系十分密切，有时反而不注重相互之间的礼仪，轻者影响了同学间的关系，重者则有碍于学习成绩和生活质量的提高。因此，同学之间也要十分重视礼仪。同学之间相处的礼仪主要包括以下内容。

（一）遇到同学主动打招呼

平时遇见同学一定要打招呼。打招呼的方式很多，可以问好、点头、微笑、招手等，总的要求是热情、诚恳。

（二）处处要注意团结同学

一言一行、一举一动都要以团结作为出发点。团结是同学之间搞好关系的前提。和同学相处一定要言行一致、表里如一。要谨防传话，在背地里对别人说三道四是同学间最忌讳的做法。正确的做法是，自己不传、不说。听到别人说，要认真分析真伪，不要轻信，不要盲从，处处养成勤动脑、多观察的好习惯。在自重、自强、自尊、自爱、自知、自制的"六自"基础上，恰当地、热情地、诚恳地对待同学，才能和同学相处融洽、亲同一家。

案例分析

> 一天，值日生在洒水时，不小心洒在Ａ同学的鞋子、裤子上。Ａ同学非常生气，逼着值日生把裤子弄干，否则，就对他不客气！值日生觉得自己不是故意的，于是，也毫不示弱地说："我又不是故意的，再说，又不是什么大不了的事，你有完没完？"你一言，我一语，谁也不肯让步，结果两人厮打在一起，Ａ同学的衣服被撕破，值日生的脸上被抓破。直到老师赶来，战争才停火。

（三）说话要考虑场合，注意分寸

即使开玩笑，也要注意分寸、场合，该说的就说，不该说的一定不能说。俗话说，病从口入，祸从口出。管住自己的嘴十分重要，很多同学不重视这一点，一高兴就信口开河，求得一时的痛快，全然不顾后果；一生气就暴跳如雷，骂不绝口。这不仅造成很坏的影响，而且也是无教养、无礼仪修养的表现。古人说，"盛喜时，勿许人物；盛怒时，勿誉人言；盛喜之时，多失信；盛怒之时，多失体"。所以，特别是在高兴和生气的时候，要更加注意自己的言行。

案例分析

> 赵同学和王同学是小学同学，上中学后又在一个班。一天，两人在回家的路上，说起了班内李同学的坏话，这时，正好本班的马同学经过并听到两人的对话。第二天到学校后，马同学就把昨天听到的告诉了李同学。李同学听后非常气愤，就告诉初三的邻居，让他为自己摆平这件事。这个邻居不问青红皂白，在放学的路上把赵同学、王同学打了，赵同学耳膜被打破，左耳听力下降。最后交由派出所处理。

（四）要乐于助人

乐于助人是中华民族很重要的美德之一，也是礼仪修养中不可缺少的内容。当然，帮助别人要根据具体情况，做到尽力而为、量力而行。但是，另一方面，有困难的同学也不要强求别人帮助，给别人造成困难，甚至带来麻烦。有困难自己多克服，有痛苦自己多承受，有危险自己多承担，尽可能避免打扰别人，这也是中华民族的重要美德之一。同学之间需要帮助时，一定要尽最大的可能助其一臂之力，不要视而不见、置之不理。和同学经常在一起，免不了相互之间借用东西，但是必须做到有借有还，即使只是暂时要用一下别人的东西，也一定要打个招呼，告诉同学一声，不要拿起来就用，根本不问主人是谁。

第五章 巍巍学府育英才

礼貌是儿童与青年所应该特别小心地养成习惯的第一件大事。

——洛克

现代礼仪

> 良好的礼貌是由微小的牺牲组成。
> ——爱默生

案例分析

在学校凉亭内有几个同学坐在石椅上交谈,这时张扬趴在石桌上大哭起来。大家见状,面面相觑,纷纷走到张扬的身边安慰他。

张扬哽咽地说:"我这次的英语考试考砸了,有很多题我都没做出来……"话还没说完又大哭起来。文明双手搭在张扬的肩上安慰张扬说:"你别灰心,此次问题纯属偶然,这也绝不是你的本色,我觉得你一直都是最棒的,下次你一定能考好的……"李仪也安慰张扬说:"俗话说'失败是成功之母',这点小挫折算什么呢?大家说是不是?"文明又说:"张扬,我觉得你现在要做的不是去哭,而且要找一下这次没考好的原因,难过有用吗?"大家异口同声地:"就是。""我们读书学习,要有恒心,要一边读,一边用心去思考。只有早早晚晚都把心思用到学习上,才能真正学好。"刘悦表情严肃地说。这时张扬抬起了头来说:"其实这段时间,我在英语方面没下多少功夫。这次考砸了绝不是偶然,是很正常的,我会总结出这次考试失败的原因,我一定要赶上去!文明,你的《英语辅导》可以借给我看看吗?"

文明从石凳上站了起来,拍拍胸脯说:"好的,没问题,等会儿回教室我就拿给你。加把劲,你一定会赶上来的!"

张扬感激地看着大家说:"谢谢你,也谢谢大家对我的鼓励,我会不负众望的。"李仪带头鼓起了掌。文明高兴地说:"那就让我们几个共同努力,共同进步,来加加油。"几个人伸出了右手叠放到一起,异口同声地说:"加油,加油,耶!"

(五)男女同学相处要自然大方

男女同学之间相处,一方面要相互尊重、相互帮助,像兄弟姐妹一样相互照顾;另一方面,既要大方、自然,也要严肃、有分寸,尤其是在公共场合,男女同学之间的接触一定要十分注意礼仪。在经济、文化发达的国家里,文明程度也较高,在公共场合,男士照顾女士,男士帮助女士,男士为女士服务,是理所当然的事情,不这样做,就被认为是不合乎礼仪要求的。对女同学来说,一定要保持自重,不要以为男同学的帮助、照顾是应该的,理所当然的,有些该自己做的事情也懒得动手,等着男同学来代劳,也是不对的。因为,男士帮助、照顾女士的本意是,女人是弱者,男人在体力和精力上都较强,所以强者帮助弱者是符合人类共同道义的。所以,要根据当时当地的情况和条件,男女分工合作,相互帮助、尊重。这样,男女同学的交往才能融洽、和谐,建立的友谊才会持久。

三、宿舍礼仪

宿舍是学生共同的家,也是反映学生精神文明和礼仪修养的一个窗口,一定要格外重视。要注意以下宿舍礼仪。

（一）整洁、卫生

保持宿舍内外整洁，经常打扫寝室，包括地面、桌椅、橱柜和门窗等。被褥要折叠得整齐美观，并统一放在一定位置，床上用品要保持干净、整洁。衣服、水杯、饭盒、热水瓶等，要统一整齐地放在规定的地方。换下的脏衣服、脏鞋袜等应及时清洗，以免时间长了影响宿舍里的空气质量。对于重要的书、衣服、用品等，不要乱丢乱放，要放在自己的橱柜内。严禁私安、私接电源和使用超功率灯泡、电烙铁，以及电炉、电热水器等，以免引起火灾。在集体宿舍不能随便动用别人物品，不能乱翻、乱动别人的东西。

案例分析

宿舍里很安静，几位男同学正在午休。张扬急匆匆地从外面进来，大步流星地走到自己的床边，一屁股坐下。他跷着二郎腿，脱掉鞋子，随手把它们丢在地上。鞋子一只正面朝上，一只背面朝上。刚脱下袜子，看到文明进来，顺手就把袜子塞到了床下。

文明来到了宿舍，环顾四周，觉得有一种异样的味道。他突然使劲嗅了嗅，询问张扬是怎么回事。张扬担心自己的臭袜子惹的祸，企图掩饰。"没什么味道啊，你闻到什么了？"张扬说。文明奇怪地说："我从附近经过，闻到了一股怪味，特意来看看。"张扬想再说点什么，被文明阻止了。这时候，宿舍里有几位男生已经醒了。文明让大家动手找一找。他们有的扒窗户，有的掀床底，有的翻壁橱。不一会就在张扬的床下发现了"物证"。文明要求张扬去洗脚换鞋子，张扬不情愿地说："不洗，大中午洗脚做什么？"文明好言相劝："你个人卫生没做好，不仅影响了别人，还有损宿舍的整体形象，这样做是不文明的。"其他的男生这时候也都站在文明的一边，张扬孤立无援，觉得今天要是不按照他们说的做，是过不了关的，于是只好穿上鞋子，向大家行了个礼，拿着袜子进了卫生间。

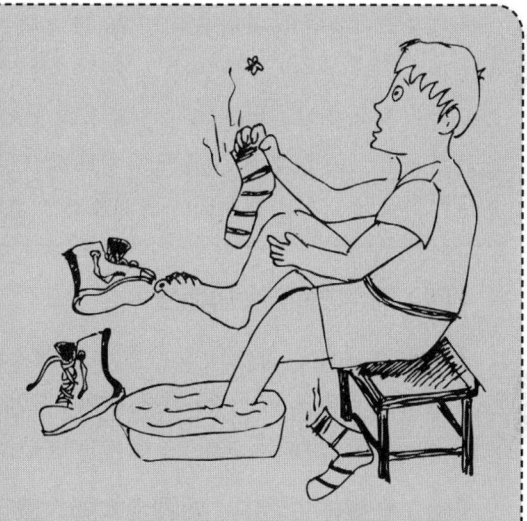

（二）宿舍接待礼仪

在来访者进入宿舍前，应先向在室内的同学打招呼。进门后，应主动为同学做介绍。如果是异性亲友或外人来访，则应提前和室友先打招呼，说明情况，使同室同学有所准备。同时，同室同学也要礼貌待人，这样既尊重了来人，也尊重了同学。不要随便留人住宿，更不要留不明底细的人住宿，以免出问题。

> 礼貌是儿童与青年所应该特别小心地养成习惯的第一件大事。
> ——洛克

（三）到其他宿舍"做客"的礼仪

进门后，应主动向其他同学打招呼，并且只能坐在邀你的同学的铺位上，不能随处乱坐。讲话声要轻，时间要短，不能坐得太久，以免影响其他同学的正常作息。到异性同学的宿舍去，除注意上述要求外，还要注意，进门前要打招呼，在得到该室同学允许后方可进去。要选择好时间，不要在早晨或午休时间，更不要熄灯后过去。谈吐要文雅，逗留时间尽量短暂。

案例分析

> 午饭后，201宿舍内，两三个女生正在折纸，有说有笑的。这时候突然有人敲门，刘悦起身开门，李仪探着头问："我可以进来吗？"刘悦做了邀请的姿势，笑着说："欢迎光临！"李仪看见几个同学正在专心地折纸，好奇地询问："你们做手工呢？"刘悦告诉李仪她们正准备美化宿舍。李仪夸她们心灵手巧，并转告大家，下午大扫除，让她们搞好寝室环境卫生。刘悦拍着胸脯说："好的，我们这就整理。"于是，同学们就开始打扫房间，有擦窗户的，有洒水的，有扫地的，有整理床铺的……

（四）同学之间要关心适度

在集体生活中，每位同学都要尊重别人的隐私权，凡是别人不愿谈的事，不要去打听。当同学有亲友来访，谈一些私事时，其他同学要适当回避。切忌在一旁偷听，更不要插嘴、询问。严禁吸烟、酗酒、赌博。这是作为学生必须严格做到的。

（五）在集体生活中，要顾全大局，遵守规章制度，不可我行我素

如果同室的同学熄灯就寝了，自己才回去，这时就应该尽可能轻地开门、上床、休息，以免打扰别人的睡眠。只顾自己，不顾别人，把自己的方便建立在对别人不便的基础上，是很不应该的，是缺乏起码的品德修养的表现。

案例分析

> 宿舍晚上11点钟睡觉，可是连续几个晚上，已经12：30了，宿舍还是闹哄哄的一片，有的同学在肆无忌惮地聊天、抽烟，有的同学在听歌，上网聊QQ，讲电话，而其他同学在床上翻来覆去睡不着……

第二节 校园生活礼仪

任务目标

1. 在课堂上做一文明学子。
2. 在自习室做一谦谦君子。
3. 走进老师办公室要有礼有节。
4. 校园集体活动要维护集体荣誉。

案例分析

> 课外活动的时间到了，同学们都走出教室进行户外活动，有的在跳绳，有的在踢毽子，有的在老师的带领下进行拔河比赛。他们玩得热火朝天，不时传来阵阵欢乐的笑声。
>
> 张扬和刘悦则在开心地打羽毛球。张扬对刘悦说："士别三日，当刮目相看，你的球技进步得还蛮快的嘛。"刘悦开心地说："那当然，千万不可轻敌哦。"张扬不以为然地说："别太得意了，看我的，接球！""嗖"的一声，一个球飞过来，刘悦一个箭步冲过去："看我的。"两人就这样一来一往地"杀"了一会儿。刘悦对张扬说："我有点累了，想回去了。"张扬回答说："好吧。"两人拿着球拍往教室的方向走去。在路过汽车工程系时，看到有两个同学拿粉笔在墙上画画，刘悦和张扬赶紧走上前去对他们说："快停下，你们不能在墙上乱涂乱画，快把画给擦了。"
>
> 两个同学互相看了一眼，其中一个同学说："我们知道了，这就擦掉。"另一个同学也忙着去擦墙上的画。

在课堂、图书馆、餐厅、宿舍、运动场及各类文体活动和校园文化生活中，学生要学会并自觉运用良好的礼仪规范，享受高雅、健康、美好的校园文化生活给自己带来的愉悦。"不学礼，无以立。"学校是我们进入竞争激烈的社会之前，掌握本领、学习知识的加油站，是人生成长旅途中的关键阶段。同时，校园又是师生共同生活和活动的重要场所，校园礼仪对维护学生的形象，提高自身的综合素质，正确处理人际关系，起着非常重要的作用。它不仅是一个学生应遵守的日常行为规范，而且是做人的基本要求。通过本章的学习，我们将深入了解一名在校学生所应掌握的基本礼仪规范，明晰校园基本生活过程和人际交往过程中应有的仪表仪态及行为规范要求，学会在不同的场合规范自己的言行举止，从而为在明天激烈竞争的社会中，做一个有知识、有教养、可以赢得别人尊敬的人做好充分的准备。

> 礼貌是儿童与青年所应该特别小心地养成习惯的第一件大事。
>
> ——洛克

现代礼仪

一、教室课堂礼仪

案例分析

> 上课铃声早已响过了，同学们都端端正正地坐在教室里听老师讲课。蒋明急匆匆地走到教室门口，"呼"的一声使劲推开门走进教室，把同学们都吓了一跳。大家惊讶地望着蒋明，蒋明只好硬着头皮说："对不起，我来晚了！"老师指了指他的座位，说："蒋明，快回到座位上吧，大家继续上课。"但蒋明回到座位上后并没有静心听讲，而是东瞧瞧，西望望。同桌碰了碰他作为提醒，他依然满不在乎，还拿出橡皮擦漂亮的直尺，发出很大的声音，惊动了老师。老师严肃地对他说："蒋明，请起立，能不能告诉同学们，老师刚才讲到哪里了？"蒋明脑子一片空白，搔着脑袋涨红了脸，支支吾吾，同学们见此都哄笑起来。老师说："蒋明，坐下吧，要认真听课！"蒋明蛮不好意思的，只好听起课来。老师又提问了："哪位同学能告诉我这道题的答案是什么？"蒋明觉得自己知道，也没举手就坐在座位上大声嚷起来："我知道，我知道，我知道答案。"老师皱了皱眉头说："蒋明，你下课后到办公室来一趟。"
>
> 下课后，蒋明只好耷拉着脑袋到办公室"喝咖啡"，老师亲切地说："蒋明，你上课主动积极回答问题，老师很高兴，但是你觉得自己回答问题的方式合适吗？有些还在思考问题的同学，可能会因为你大喊大叫而被打断思路，不仅如此，你上课迟到已经是违犯了学校的规章制度，进入教室后你还搞小动作并大声嚷嚷，更影响了正常的课堂秩序，课堂是美好的、严肃的公共场所。在这里，我们更要注意自己的一言一行。你明白吗？"蒋明说："我明白了，我以后一定注意，我要从自己做起，维护良好的课堂秩序。"

如果说教师的职责是"传道、授业、解惑"的话，那么学生的天职就是"习其业，承其道"。课堂是师生双方交流和同学共同学习的最主要的平台。营造良好的课堂秩序至关重要，但如何才能营造良好的课堂秩序绝非人人皆知，也非轻而易举。

（一）课前

学生最好在课前10分钟预备铃响时进入教室。提前来到教室后，不要大声喧哗，更不要大吵大闹，应提前将自己的上课用品准备好，摆到桌面上，或者利用这段时间提前预习上课要讲的内容，做好上课的准备，同时应关掉所有的通信工具，等候老师的到来。这是一种应有的礼貌，也是对老师的尊敬。如有事和同学商量，应尽量小声，不要影响其他同学。必须明确的是，课堂是知识授受的神圣场所，应与日常休闲娱乐场所及其他公共场所严格区别开来。着装应以简单、大方、得体（即符合学生身份和课堂这一特定场所的特定要求）为准则（对老师要求皆然），不应穿过于前卫或暴露的衣服，更不应穿拖鞋、背心进入教室，服装颜色不宜花哨，一般不应超过3种。

（二）上课

上课的铃声响过，当老师宣布上课时，全班同学应迅速起立，向老师问好，待老师答礼后方可坐下。自觉而严格地遵守作息时间，是每一个现代公民必备的也是最起码的几种素质之一。对学生来说，准时到校上课无异于天职。若因特殊情况，不得已在老师上课后进入教室，应先得到老师允许后，方可进入；在走向自己的座位时，速度要快，脚步要轻，动作幅度要小；走到座位前，在放书包和拿课本时，尽量不要发出大的声响，更不能有任何滑稽可笑的举止。切记，上课时用餐或吃零食都是对老师、同学极不尊重的行为。

（三）听讲

1. 课上

在课堂上，要认真听老师讲解，注意力集中，独立思考，重要的内容应做好笔记。当老师提问时，应该先举手，待老师点到你的名字时才可站起来回答。一般来说，不可坐在座位上就七嘴八舌地发言或老师未点到自己名字就抢先发言或随意打断他人。发言时，身体要立正，态度要落落大方，声音要清晰响亮，并且应当使用普通话。在别人发言时，不可随便插话。

2. 分歧

如有课堂讨论环节，要做到既尊重老师、同学，又要把问题弄清楚。不能因为彼此的意见分歧，导致同学关系、师生关系紧张，在争论的时候，应当彼此尊重，不能互相进行人身攻击，要做到有理、有利、有节。

3. 课间

听课过程中如对老师所讲述的内容有异议，最好下课后单独找老师交换意见，共同讨论，若非提不可时也要注意场合和方式，态度要诚恳，谦虚恭敬，不可扰乱课堂秩序，影响授课计划。课间休息的时候，应主动为老师擦黑板，但别忘了主动擦黑板前，要先征求老师的意见。

4. 下课

下课铃响时，若老师还未宣布下课，学生应继续安心听讲，等待老师宣布，不要忙着收拾书本，或把桌子弄得乒乓作响，这是对老师的不尊重。那种极个别的在老师宣布下课之前就在众目睽睽之下离开教室的行为，是对老师辛勤劳动的极不尊重，不仅会破坏教室里的秩序和氛围，还会对老师上课的积极性产生不好的影响，类似的不道德行为一定要杜绝。

教师宣布下课后，全体同学仍需起立，与老师互道"再见"。待老师离开教室后，学生方可离开。同时应把饮料包装或需要丢弃的物品随身带离。

> 礼貌是儿童与青年所应该特别小心地养成习惯的第一件大事。
> ——洛克

现代礼仪

案例分析

"上课！""起立！""同学们好！""老师好！""请坐下。"随着同学起立向老师行注目鞠躬礼之后，一堂课开始了……日前，这一幕发生在某校的课堂上。针对"上课铃声响后，有很多学生还在忙自己的事，并没有完全进入角色。学生上课迟到是常事，旷课也时有发生。老师在上课，有同学在接打手机，去洗手间，更有甚者还吃零食……"随着该校开始尝试把一些课堂礼仪加入到日常教学中，这些不良现象基本杜绝了。如上课前师生要互相问好，迟到必须经过老师允许后方能入座；上课时应尽量避免去洗手间，特殊情况下应安静地走出教室；上课期间，手机或小灵通都须关机；自觉不在教室内用餐或吃零食等。该校相关负责人告诉记者："提出这个倡议，旨在引导学生形成尊师重教的意识，形成良好的道德规范和优良的学风。"该校许多学生表示：课堂礼仪的实行，体现了师生双方的互相尊重，学生做得好一些，老师也会比以前更认真上课，对学生更有责任心。

二、教室自习礼仪

案例分析

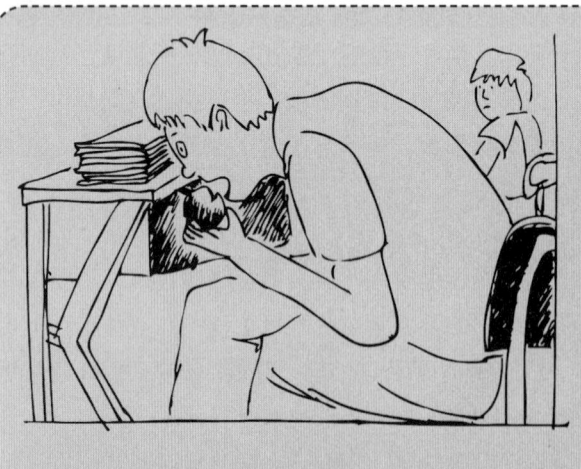

教室的黑板上写着：自习课时间，请保持安静。

同学们都在低头做作业，教室内很安静，只听到翻书声和沙沙的写字声。

过了一会儿，李明同学放下手里的笔，从书包里拿出一个苹果，低着头偷偷地啃了起来。同桌用胳膊轻轻碰了碰李明，李明不以为然地说："反正老师又不在，你就别多管闲事了。"同桌白了一眼李明："一会儿老师来了，你还敢吃吗？"李明边吃边小声地说："等老师来的时候我早就吃完了，老师不会看到什么的。你就别跟着瞎操心了……""咚咚咚"李明一抬头，老师已经站在他的面前了……李明赶紧收起了苹果，不好意思地站了起来，同学们都偷偷地笑了起来。

在自习课上应注意以下问题。

① 自习课也是上课，应该遵守课堂纪律。

良好的礼貌是由微小的牺牲组成。
——爱默生

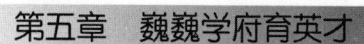

② 按照自习课的安排，完成规定的学习任务。如果需要和同学讨论，最好用耳语，以免影响其他同学学习。

③ 不要随便离开座位，更不能随便吃喝。要共同打造安静、整洁、有序的学习环境。

三、进老师办公室礼仪

案例分析

> 课间，李仪慌慌张张地跑到老师的办公室门口敲了敲门。老师说了声："请进。"李仪轻轻推开门喊了声："报告。"老师再次说了声："请进。"李仪快步走到老师的跟前，面对老师站立，姿势端正，慌慌张张地说："李老师！不好了！文明和张扬为了一个问题争论得快打起来了。"老师放下手中的备课本，果断地说："走，我们一起看看去。"李仪跑在老师的前面，还没到教室就大声说："老师来了，老师来了。"听说老师来了，争得面红耳赤的张扬和文明停了下来，气愤地互相看着对方。老师对其他同学说："没事的，你们各自做自己的事情。"又走到两位同学的面前，一只手拉着文明，一只手拉着张扬说："走，我们到办公室说去。"
>
> 文明和张扬一起随老师来到了办公室。
>
> 老师语气温和地说："我觉得你们的争论很有必要，但是要注意方式和方法，不能因为争论问题而伤了彼此的和气，你们觉得老师说的对吗？"张扬和文明互相看了看，不好意思地低下了头。张扬低着头又说："老师，我错了，我下次再也不这样了。"文明也态度诚恳地说："老师，我也错了，我下次也不再这样了。"
>
> 他们两人走出办公室时，轻轻地将老师办公室的门关上。

为了向老师请教问题，或者是给老师送作业本或其他事情，我们常常需要到老师办公室去。老师办公室是老师们备课、教研和交流的场所。作为学生，随便进入老师的办公室是非常不礼貌的。这种唐突的造访，影响的往往还不止是一位老师——而是若干位教师的工作，因为，老师办公室一般都是几个老师合用的，冒失闯入，不但影响自己要找的老师，也会影响其他的老师。因此，同学们应记住，进入老师办公室前必须先敲门，或喊报告，征得老师同意后，方可进入。经老师允许，进入办公室后，应遵守礼仪规范。

（一）不能乱翻老师的东西

老师的办公桌上或抽屉里都放满了教科书、参考书、备课本、作业本、考试卷等，被翻乱后，教学工作就会受到影响。再说，老师的抽屉里有一些东西是保密的，如未启用的试卷，不公开的学生成绩表，日记本，信件，钱包等。这些东西或翻乱，或泄密，或丢失，都会造成不良的后果。所以说，乱翻老师的东西，是对老师的不尊重、不礼貌，是非常不道德的行为，也是影响教学的行为。

礼貌是儿童与青年所应该特别小心地养成习惯的第一件大事。
——洛克

（二）不要停留太久

老师每天既要钻研教材、备课，又要批改作业、试卷，还要和其他老师交流教学经验。老师每天的工作安排通常都是紧凑的、有计划的，如果我们在办公室里停留太久，就会打乱、影响老师的工作安排。因此，每个同学都要尽量减少在老师办公室逗留的时间，更不要因一丁点儿的小事、琐事而麻烦老师。这样做无疑是对老师教学工作的支持。

（三）轻声轻语，保持安静

在老师办公室里说话要小声，出入要注意不要发出声响，尽量不影响其他老师的正常工作。

四、升旗礼仪

案例分析

> 张玲是班长，她高挑的个儿，圆圆的脸上经常挂着甜甜的微笑。每周星期一的早晨，她都是第一个来到教室，认真地检查教室的清洁卫生，检查同学们的着装，检查同学们的胸卡佩戴情况。只要举行升旗仪式的集合号声一响，她准会组织好同学们排着整齐的队伍，来到操场上，端端正正地站在队伍的前面等待着升旗仪式开始。
>
> 又是一个星期一的早上，刮着风，干冷干冷的。举行升旗仪式的时间快到了，可是张玲却还没来，大家都习惯性地整理好自己的校服和胸卡，坐在座位上焦急地等着张玲那清脆的"起立！""集合！"的声音。
>
> 集合号声响了，老师正准备让另外的同学组织同学们参加升旗仪式，这时，张玲出现在教室门口，她脸色苍白，喘着粗气。她吃力地在讲台上站直了身子，沙哑地喊道："起立！""集合！"。老师轻声地问道："能坚持吗？"她说："老师，没事，刚打过针，我能行！"升旗仪式中，她仍旧端端正正地站在全班队伍的前面。我站在第一排，不时用余光瞭瞭她，她的脸色一直不见平日里的红润，显得十分疲惫，嘴角还偶尔抽动着，好像忍受着莫大的痛苦。升旗仪式一结束，她终于忍不住蹲了下来。我赶紧帮着老师一起把她扶到了医务室。我问她："你病得这么厉害，为什么还要坚持呢？"她笑了笑告诉我："我只是一点小病，跟升旗仪式比起来，算得了什么呢？"

升旗仪式是学校经常举行的活动。一般在操场或礼堂举行，由于参加者人数众多，又是正规场合，因此要格外注意升旗中的礼仪。国旗是一个国家的象征，升降国旗是对青少年进行爱国主义教育的一种方式。无论中小学还是大学，都要定期举行升国旗的仪式。升旗时，全体学生应列队整齐排列，面向国旗，肃立致敬。当升国旗，奏国歌时，要立正，脱帽；行注目礼，直至升旗完毕。升旗是一种严肃、庄重的活动，一定要保持安静，切忌嘻嘻哈哈或东张西望。神态要庄严，当五星红旗冉冉升起时，所有在场的人都应抬头注视。

五、集体活动礼仪

案例分析

> 宽敞明亮的学校礼堂，闪现着醒目的会标：心理健康教育报告会。全校学生安安静静地就坐。他们目光平视，没有吵闹，没有说笑，秩序井然。出席会议的领导正在讲话，台下学生认真听讲，神态自然。台下不时响起热烈的掌声……轻松舒缓的乐曲响起，全体同学起立。出席会议的领导在热烈的掌声中离开会场。所有学生在老师指导下，有序退场。

（一）总体要求

学校里召开集体大会，一般规模比较大，好比是在一个特大的课堂上授课。由于参加的人数多、班级多，为了保证大会的顺利进行，客观上要求每位同学都比平时更为严格地遵守纪律，顾全大局，遵守礼仪。

（二）准时到场

最好能提前几分钟到场，以保证大会准时开始。到场后，快速把队伍整理好，保持良好的精神面貌。与会者不得勾肩搭背、任意谈笑、相互嬉闹。

（三）座位安排

服从会场工作人员的安排，鱼贯而入，按指定地点入座，切不可一窝蜂争抢好座位。兄弟班级之间要发扬风格，互谅互让，不要互相攀比和斤斤计较。

（四）会场要求

集会开始后，与会者不可随便走动和发出声响，以免影响报告人的情绪，影响其他人听讲，影响班级的集体荣誉。迟到会场，应悄悄入场，坐在后排的座位上，而不可大摇大摆地走到前面，总之，要尽量避免分散别人注意力。若因上厕所等原因必须暂时离开会场，应弯腰悄悄出去，尽量减少对别人的干扰。在开会的过程中，不能打瞌睡，没有特殊的原因，也不能中途退席。否则，便是对大会的组织者与报告人的羞辱。即使会议的内容再枯燥，出于礼貌和纪律，与会者也须等到集会结束时方可离去。

（五）离场要求

集会结束离开会场时，要服从会场工作人员的指挥，按顺序出场，切忌一哄而散、争先恐后，使门口拥挤堵塞，造成混乱和事故。

> 礼貌是儿童与青年所应该特别小心地养成习惯的第一件大事。
> ——洛克

第三节　校园交往禁忌

任务目标

1. 了解同学交往禁忌，把握交往尺度。
2. 了解师生交往禁忌，维护良好师生关系。

一、同学交往禁忌

实践证明，同学关系的好坏影响着人的成长和学业的进步。既是同窗学友，自然不应独来独往，孤芳自赏。加入到同学交往的大圈子中来，每一个人都会感到充实、温暖和幸福，因为人本来就是有社会性的，离开了集体，离开了人与人之间的互相关怀和帮助，任何人都会失去生活的意义。

（一）忌人格不平等

无论是学习成绩好坏，同学们在人格上都是平等的，因此不应该在同学面前表现出明显的自傲或自卑来。自傲者和自卑者都可能与其他同学拉开距离，影响同学关系的正常发展。

案例分析

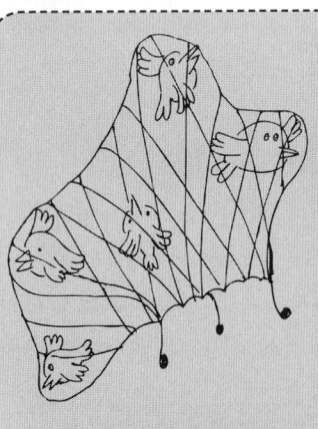

有一个猎人，在湖边张网捕鸟。不久，很多大鸟都飞入了网中。猎人非常高兴，赶快收网准备把鸟抓出来；没想到鸟的力气很大，反而带着网一起飞走了，猎人只好跟在网后面拼命追。

一个农夫看到了，嘲笑猎人说："算了吧，不管你跑得多快，也追不上会飞的大鸟呀！"但猎人却很坚定地说"不，你根本不知道，如果网里只有一只鸟，我就真追不上它，但现在有很多鸟在网子里，我就一定能追到。"

果然，到了黄昏，所有的鸟儿都想回自己的窝，有的要回森林，有的要回湖边，有的要回草原，于是那一大群鸟就随网一起落地，被猎人活抓了。

一开始，落网之鸟为了活命，齐心协力，团结一致，劲往一处使，所以成功地飞上了天空。到后来，鸟儿们四分五裂，各怀私念，没有了团结一致的合力，坠落下来也是自然的道理。

虽是一则故事，道理却是显而易见的：团结就是力量。

（二）忌小团体主义

一个班级里的同学中总会产生一些朋友群体，但是，不论群体内的人，还是群体外的人，都是自己的同学，不要只与群体内的同学（朋友）相处，而不与群体外的其他同学相处。尤其是，当小群体的利益与全班的利益发生矛盾时，不应当牺牲全班的利益来满足小群体的利益。

（三）忌不正当攀比

同学交往，免不了攀比，关键看比什么。如果是比思想进步，比学习进步，比身体健康，这当然好；但如果是比谁家老子官大，谁家阔气，谁穿的最时髦等，就实在不可取了。前一种比，比出的是志气、信心；后一种比，比出的是虚荣、嫉妒，其结果，前者越比越进步，后者越比越落后。

（四）忌早恋

中学时正是同学们情窦初开，性意识迅速发展，两性关系十分微妙的时期。男女同学之间交往既要攻破那种"森严壁垒"，又不能表现得没有节制和距离。中学生决不要早恋，那早熟的爱果非涩即苦。

二、师生交往禁忌

人生不能无师。广义地说，人的一生都要学习，所以终生都在求师。即使从正规的学校教育角度看，现代人也必须花十几年，甚至20年时间在学校度过。因此，师生交往就成为人际交往中的一个重要方面。许许多多的名人在他们的学生时代，就留下许多与老师融洽交往的美谈，在他们后来成为人师的时候，同样表现了崇高的美德。

（一）忌冷漠无情

老师首先应该意识到，对学生的冷漠无异于否定自己的人生价值。老师常常被称为是人类最崇高的职业，因为他们担负着把人类创造的文明传授给新一代的神圣使命。学生在渴求知识的年龄，对老师的期望和信任，某种意义上不亚于亲生父母，这就决定了师生之间的交往离不开情感。一个态度冷漠的老师无法让学生体会到情感的召唤，无法激起学生对老师的爱戴、信任和期望。当一个老师不能被学生理解和爱戴时，他的人生价值不也黯然失色了吗？

（二）忌傲慢与粗暴

老师更不能对学生傲慢和粗暴。只有缺乏修养的老师才会表现出这些行为。傲慢的老师原本想显示自己如何有能耐，然而真正的能耐是由学生感受到的，而不是自己标榜和炫耀的。老师的粗暴也许能暂时镇服学生，但是这种方法永远不可能征服学生的心。退一步说，即便老师的粗暴里包含着让学生追求上进的良好愿望，也很可能被粗暴的教育管理方法本身给弄得面目全非。

> 礼貌是儿童与青年所应该特别小心地养成习惯的第一件大事。
> ——洛克

（三）忌过分偏爱

老师不应该对学生过分偏爱。十个指头不一般长，学生里同样有好、中、差。让老师对学生完全一视同仁，恐怕也太难为他们，而且也是不现实和没必要的。但是，再差的学生也期待着老师的培养教育，正如再丑的孩子也离不开母亲的呵护一样。好学生固然是一朵花，差学生也并不就是豆腐渣，有多少差学生在逆境中奋起，取得了可喜的进步！老师如果过分偏爱好学生，冷落差学生，就会大大伤害学生的自尊心，造成师生之间的隔阂与对立，有的学生则由此而更加自卑，进而影响学业乃至人生的道路。

（四）忌不尊敬老师

学生对老师，最应该注意防止的就是不尊敬老师或对老师无礼。大多数教师都是勤勤恳恳、兢兢业业，一心扑在教育事业上，一心放在学生身上，用自己的时间、精力、知识和汗水，培育出一批又一批国家需要的人才，而他们却默默无闻，不计较个人得失。他们最高兴的事，莫过于看到自己亲手培养出来的学生成才、进步了。如果学生反过来却不尊敬老师，在老师面前言谈举止失当，故意怠慢老师，或认为老师教书育人是本分，犯不着用什么礼节客套等，这将会给师生关系蒙上一层阴影。这是学生不文明的一个典型表现。当然最大的不尊敬就是不好好学习。试想，一个为学生呕心沥血的老师，如果得到的是学生调皮捣蛋、不好好学习、成绩落后的回报时，会是什么样的心情？

（五）忌苛求老师

学生不能过于苛求老师。一个老师面对的是几十个学生，让每一个学生都感到满意显然是不易做到的。在师生交往中，老师很可能有这样或那样的疏忽与缺点，学生应该体谅教师，而不应揪住一点不放，以偏概全地攻击、评价老师，那会使老师感到难过。良好的师生关系，离不开师生在交往中对相互过错的谅解和宽容态度。当然，学生如果真正发现了老师的缺点，就应该真诚地、以恰当的方式给老师指出来，以便于老师能够及时改正缺点，更好地教书育人。

实训环节

1. 找出自己和同学交往过程中存在的缺点并改进。

2. 设计一次主题班会，讨论在校园团体活动中如何维护良好的班级荣誉。

3. 简述你是如何和老师相处的？我们应该如何维护良好的师生关系？

4. 收集你身边师生相处的矛盾案例，并分析相关原因。如果是你碰到类似情况该如何处理？

微课天地

良好的礼貌是由微小的牺牲组成。
——爱默生

巍巍学府育英才

第六章

亲慈子孝享人伦

> 善气迎人，亲如弟兄；恶气迎人，害于戈兵。
> ——管仲

引导案例

一个人素质的高低，往往从他与人相处的言谈举止中可以看出来。文明的语言和行为，就如同一封介绍信，能把自己的身份介绍给别人，现实验证礼仪的重要性。

上海有一家外资企业高薪招聘应届大学毕业生，对学历、外语的要求都很高。应聘的大学生过五关斩六将，到了最后一关：总经理面试。一见面，总经理说："很抱歉，年轻人，我有点急事，要出去10分钟，你们能不能等我？"这仅剩的几位大学生都说："没问题，您去吧，我们等您。"总经理走了，大学生们闲着没事，围着总经理的大写字台看，只见上面文件一叠，信一叠，资料一叠。都是些什么呢？他们你看这一叠，我看那一叠，看完了还交换：哎哟，这个好看，哎哟，那个好看。

10分钟后，总经理回来了，他说："面试已经结束，你们全都没有被录用。"大学生们个个瞪大了眼睛，"这是怎么回事，面试还没开始呢？"总经理说："我不在的这一段时间，你们的表现就是面试。很遗憾，本公司从来不录用那些乱翻别人东西的人。"

故事听完了，大家想一想，能够最后参加总经理面试的这几位学生，是从千军万马中挑选出来的，难道他们还不够优秀吗？这家公司为什么不录用他们呢？是的，真正优秀的学生是养成了良好习惯的学生，而这几位大学生没有养成尊重他人，未经允许不乱翻他人东西的好习惯。

第一节　家庭成员间的礼仪

任务目标

1. 结合自身能够正确称呼家庭成员。
2. 熟悉家庭成员间的礼仪。
3. 遵守家庭餐饮礼仪。

对家人讲礼貌是对亲人的一种真心诚意的尊重，同学们在外面要做懂礼貌的孩子，回到家里也一样，要讲礼貌。这个道理很简单，让我们仔细想想，如果一个人只要置身于熟悉的环境，就变得无规无矩、肆无忌惮，只要对着与自己亲密亲善的人，便会十分粗暴无礼、自私自利地支配、使唤人家为自己做事，这样的人会有出息吗？会真正讨人喜欢吗？会得到别人的真正帮助吗？会得到别人的尊重吗？事实上，别人不讨厌你才怪呢。

再说，对亲人表现恭敬的礼貌，实际上是一种敬重和感激之情。俗话说："父恩比山高，母恩比海深。"亲人和长辈的恩情总是报不完的。难以想象，一个不思报恩，随便糟蹋亲情的人是一个"忘恩负义"的人。所以，如何尊重、敬爱父母和与每位亲人融洽相处是我们每个学生的必修课。

一、家族成员间的正确称谓

家族成员之间的称谓具有民族性。以下主要介绍汉族人的称谓。

对父系长辈对象	称　呼	自　称
父亲的祖父	曾祖父（老爷爷）	曾孙子（曾孙女）
父亲的祖母	曾祖母（老奶奶）	曾孙子（曾孙女）
父亲的父亲	祖父（爷爷）	孙子（孙女）
父亲的母亲	祖母（奶奶）	孙子（孙女）
父亲的哥哥	伯父（伯伯、大爷）	侄子（侄女）
父亲的嫂嫂	伯母（大娘）	侄子（侄女）
父亲的弟弟	叔父（叔叔）	侄子（侄女）
父亲的弟媳	叔母（婶婶）	侄子（侄女）
父亲的姐妹	姑母（姑姑、娘娘）	内侄子（侄女）
父亲的姐夫、妹夫	姑父（姑丈）	内侄子（侄女）

礼貌经常可以替代最高贵的感情。
——梅里美

第六章 亲慈子孝享人伦

对母系长辈对象	称 呼	自 称
母亲的祖父	太外祖父（太姥爷）	外曾孙子（曾孙女）
母亲的祖母	太外祖母（太姥姥）	外曾孙子（曾孙女）
母亲的父亲	外祖父（姥爷、外公）	外孙子（孙女）
母亲的母亲	外祖母（姥姥、外婆）	外孙子（孙女）
母亲的兄弟	舅父（舅舅）	外甥（外甥女）
母亲的嫂嫂、弟媳	舅母（舅妈）	外甥（外甥女）
母亲的姐妹	姨母（姨姨）	外甥（外甥女）
母亲的姐夫、妹夫	姨丈（姨夫）	外甥（外甥女）

对 象	称 呼	自 称
伯、叔的儿子	堂兄或堂弟	堂弟、堂兄，堂妹、堂姐
伯、叔的女儿	堂姐或堂妹	堂弟、堂兄、堂妹、堂姐
姑、舅、姨的儿女	表兄弟或表姐妹	表弟、表兄、表妹、表姐
姑、舅、姨的儿媳妇	表嫂	表弟、表妹

善气迎人，亲如弟兄；恶气迎人，害于戈兵。
——管仲

案例分析

如此称谓

有一个小女孩迷了路，就去找警察叔叔。警察叔叔问明情况后，问小女孩："你爸爸叫什么名字？"小女孩回答说："叫亲爱的。"警察听后，很无奈地又问："那你妈妈叫什么名字呢？"小女孩又回答说："叫宝贝。"

有位人口普查员填写人口登记表时问一位没有文化的老太太："您有配偶吗？"老太太愣了半天回答不上来。旁边有人解释说："他是问您有老伴吗？"老太太这才恍然大悟。

二、家庭成员间的礼仪

（一）家庭成员的责任

父亲的角色不仅是和母亲一起管理家庭的家长、家庭的核心，更是孩子心目中的强者、朋友和榜样。作为家庭生活中的父亲，是整个家庭的保护伞。父亲永远是孩子成长道路上的灯塔，其言行举止无不对孩子产生潜移默化的影响。所以，在孩子成长的道路上，父亲应该有意识地做一些可能影响孩子一辈子的事情，这件事情也许很微小，但它却有着无比伟大的意义。

母亲不仅给孩子美好的生命，更重要的是懂得如何教育好孩子，把孩子培养成有用之才。孩子的第一任老师是父母，特别是母亲。确实如此，孩子与母亲联系最紧，距离最近，感情最深。"母亲"，是一个美好而神圣的字眼，母亲意味着爱，意味着责任，因为你把一个孩子带到这个世界上，你就应该给他健康、快乐，使他成为一个于人于己于社会都有价值的人。能做到这一点，就应该是个称职的母亲了。

案例分析

> 《血色母爱》的报道中讲了一个真实的故事：一位母亲下岗了，但是她不忍心看着她的女儿整天闷闷不乐，便决定带她的女儿去滑雪，还买了两件银色面包服，让她女儿高兴。但不幸的事却发生了：她们太兴奋，滑得远离了指定的地方，遭遇雪崩，母女俩穿的银灰色衣服与白色相似，救援飞机根本看不到她们，母女俩都要冻僵了。最后，母亲把自己的血管割破，用鲜血写了"SOS"使她的女儿获救，而这位伟大的母亲却因失血过多，永远地离开了她的女儿。

儿女要做到尊敬父母，接受父母的教育，承担家务劳动，关心父母生活，长大成人后，要赡养父母，孝敬父母，让父母度过一个快乐的晚年。只有对父母心存感激，才会常怀孝心，常有孝行。父母给了我们生命，还有什么比这更贵重的礼物呢？节日，尤其是父亲节、母亲节，儿女要陪父母吃饭，让他们感到温暖。

（二）家庭成员之间的礼仪

1. 夫妻间的礼仪

夫妻是一种没有血缘、只有姻缘的家庭关系。夫妻关系虽然不如血缘关系（指父母子女）稳定，但却是家庭人际关系的主体和核心，是血亲和姻亲的基础。只有夫妻之间和睦相处，家庭才会有幸福。

（1）夫妻之间相互关爱

早晨醒来，夫妻之间问一声"睡得好吗？"会使对方有一种被关爱的感觉；出门前，亲切道别，说声"再会""路上小心""早点回来"。说者虽不费事，听者却备感亲切。中

礼貌经常可以替代最高贵的感情。
——梅里美

午无论有事没事，打电话互致一个问候，会消除夫妻俩一上午的疲劳。下班后，迟回家的丈夫对正在忙晚餐的妻子说："你辛苦了，有什么需要我帮忙的吗？"晚上临睡前夫妻俩互致"晚安"等。一句问候虽不起眼，但包含着关心和体贴。别小看这些"问候"，家庭的温暖就是这样产生的。

（2）尊重对方的人格

夫妻之间的人格必须受到尊重，丈夫不要搞"大男子主义"，妻子要注意摒弃"河东狮吼"与"妻管严"，不搞命令主义，更不能因一点小事而出言不逊，开口一个"讨厌"，闭口一个"笨蛋"。夫妻之间应牢记"勿以恶语相向"的古训。

（3）共同承担家务劳动

丈夫不应该把家务都推给妻子，认为"女人应该围着炉灶转"，而作为妻子也不应该娇气，把自己能做的事都推给丈夫。对家务事可以做出不同的分工，这样做起来有条有理，忙而不乱。

在婚姻生活中，夫妻应该像左右手一样，左手提东西累了，不用开口，右手就会接过来；右手受了伤，也用不着呼喊和请求，左手就会伸过去。假如一个人的左手很累，右手却伸不过来，这个人的身体一定是中风了，或是瘫痪了。在婚姻生活中，假若一方不能主动地去关怀另一方，久而久之，婚姻也会中风瘫痪。有一个这样的故事：一男子患了中风，左边的身子不能动了，住在医院里，妻子却很少来看他。亲友们骂那女人薄情，男子说：不要责备她，是我不好。接着他忏悔道：她做饭忙不过来的时候，我坐在电视机前无动于衷；她生病需要去医院时，我在外面打牌直至深夜；她买了件衣服，满心欢喜地问我怎么样时，我的眼睛瞟也不瞟一下……我们的婚姻早就因为我的这些行为而中风，只是我原来没有感觉到，现在我左边的身子不能动了，便一下子感觉到了。

由此可见，"左手"和"右手"必须互相帮助。而这样的帮助，应该是默契的行动。家务之事，没有永远的分工，"你中有我，我中有你"，它对双方是平等的责任。

（4）尊重对方的工作

在生活中，丈夫和妻子的工作虽然不同，但他们的劳动，包括他们的劳动能力应当受到尊重。因此，尊重劳动，夫妻中的任何一方不要因为自己钱挣得多就在家里颐指气使、盛气凌人，决不能说"这家里还不是全靠我"这样的话；不要认为自己的工作有多么了不起，而看轻甚至嘲讽配偶的工作。即使妻子将饭烧焦了，即使丈夫买的菜不好，都不要怨言连连。

关心对方的工作。在征得对方同意的情况下，对配偶工作中的困难，需尽己之力，伸出援助之手。

（5）夫妻间要相互体谅

两个人生活在一起，时间久了难免会产生矛盾。消除矛盾，实现和睦和融洽，彼此就必须体谅。体谅应该是相互的，夫妻双方都必须摆脱以自我为中心的狭隘观点。相互体谅，才会使家庭幸福。

> 善气迎人，亲如弟兄；恶气迎人，害于戈兵。
> ——管仲

现代礼仪

具体地说，应注意：会倾诉，懂倾听。有人对夫妻之间的"倾诉与倾听"做了这样的描述："恋爱时，男的说，女的听；结婚后，女的说，男的听；年老时，两人说，邻居听。"夫妻之间的"你说我听"就这样持续了一生。这样的夫妻是幸福的，因为他们有爱，有礼仪之爱。

婚姻专家说，吵架（也是倾诉的一种方式）的夫妻并不想离婚，而夫妻之间的长期冷漠是危险的。不过，"倾诉"时也应注意：不要将倾诉变成"控诉"，特别不要"控诉"配偶的家人，更不要将孩子学习不佳归罪于配偶家族的"愚笨基因"；不要将"倾诉"变成公开的抱怨，如抱怨丈夫的"无能"，并在亲友面前奚落他。

2. 父母子女之间的礼仪

父母是孩子的第一位老师。父母的文化素质、性格爱好，对子女的自制力、思考方式、求知欲等方面的发展，有着相当大的影响。

（1）子女教育

孩子在场时，父母不要吵架；对每个孩子都给予同样的爱；任何时候都不要对孩子撒谎；父母之间相互谦让，互相体谅；父母与孩子保持一种亲密无间的关系；子女的朋友来家做客，父母要表示欢迎；孩子提出的问题，父母要尽量给予答复；在孩子朋友面前，不要讲孩子的过错；注意观察和表扬孩子的优点；对孩子的爱要稳定，不要动辄发脾气。父母不说违背社会生活准则和社会公德的话，不做违背社会准则和社会公德的事。

父母不要对孩子过于溺爱，否则就会酿成祸患。对孩子必要的批评，是形成良好的家庭环境、气氛的条件，是教育子女健康成长的手段。但是，批评一定要讲究方式、方法，且选好时机，没有弄清事情真相时，不要盲目批评孩子；不可当着外人面批评子女。

父母应尽量挤出时间和孩子相处；要相互了解、相互理解；把家庭问题公开，使子女了解情况；鼓励孩子在挫折中勇敢面对。身教胜于言教。父母的言行、举止都会潜移默化地影响子女。在日常生活中，父母不仅要向子女灌输一些基本的待人接物、为人处世的礼节、礼仪，更要注意自身的礼节、礼仪。

案例分析

刘涛今年16岁，自小学习成绩优秀，只是有些不懂礼貌。例如，家里来客人从不主动打招呼，从不会说"谢谢"。父母有时也想批评孩子，但觉得孩子只要学习好，其他的不过是小事，不想"委屈"孩子，对刘涛在礼仪方面的表现未多在意。

一天，父亲带刘涛去参加一个比较正式的晚宴，才感觉事情的严重性。刘涛站没站相，坐没坐相，别人还没入席，就先一屁股坐在正中位，旁若无人地

> 礼貌经常可以替代最高贵的感情。
> ——梅里美

对着服务员要可乐。菜一上桌就伸筷子去夹，等到上龙虾这道菜时，因为是刘涛最爱吃的，他竟然整盘端到自己面前，就像在家里一样。虽然来客们都说"没关系，没关系"，但父亲从别人的目光中看到了问题，觉得很难堪，很丢脸。

（2）子女对父母应有的礼仪

① 应当尊敬孝顺。对父母的叮咛、嘱咐，不要不耐烦，充分理解父母的一片苦心。

② 不要干涉父母自身事。父母有自己的社交、生活，更有自己的思想感情，做子女的切忌越俎代庖；尤其是失偶父母再婚问题，子女应为父母自身的幸福着想，支持理解，不能粗暴干涉。

案例分析

周末放假在家，刘涛坐在沙发上看电视，门铃响了。"妈，开门。"刘涛冲着正在厨房做饭的妈妈喊。妈妈便从厨房走到门边把门打开，迅速回到厨房做饭。爸爸进门说："头疼得厉害，真想倒杯水喝。"刘涛抬眼看看爸爸，不闻不问，只顾自己看电视，更不用说上前问候或倒水了。

小资料：晚辈孝敬长辈的主要表现

① 主动关心问候。

② 听从父母教诲。

③ 关心父母健康。

④ 理解长辈。

⑤ 适当参与家务劳动。

⑥ 照顾长辈注意态度。

⑦ 牢记父母生日。

⑧ 体谅尊重父母。

三、家庭餐饮礼仪

家庭的餐饮礼仪能反映出家庭的文化修养。可能有的同学们会说："一日三餐，天天如此，谁还不懂不会？"其实不然，要真正做到文明用餐，这不是一件容易的事。据观察，不少同学在家用餐时，不够讲究用餐的礼仪，"吃相"很不雅观，很有必要学习、懂得用餐礼仪。

俗话说，站要有站相，坐要有坐相。同样，吃也要有吃相。在某种意义上讲，用餐时的"吃相"，更能反映出一个人的教养。

善气迎人，亲如弟兄；恶气迎人，害于戈兵。
——管仲

（一）餐前

① 如果饭菜还没做好，应该帮忙做些力所能及的下手活。在用餐前要主动帮家长做准备工作，不应坐在餐桌前，等着饭菜端上来。应摆好桌凳，用干净抹布擦拭饭桌，再摆好碗筷。摆放筷子时，要把筷子一双双理顺，大头冲桌外，小头冲桌里；不要一横一竖交叉摆放，也不要一根是大头，一根是小头，筷子要放在碗的右边，不能搭在碗上。

② 吃饭前要洗手。如果刚放学回来，或刚运动完毕，应该先洗手洗脸再上餐桌。否则，满头大汗，满脸灰尘就用餐，不但不卫生，还会影响别人的食欲。

③ 要主动帮忙盛饭端菜。要注意：盛饭时，不要盛得过满；端菜端饭时，用大拇指扣住碗或盘边，食指、中指、无名指托住碗或盘的底儿，手心空着。要注意大拇指要翘起来，不然大拇指沾到饭菜上很不卫生。端着饭菜要端稳慢走，以免饭菜洒出来。此外，端饭要先端给长辈，如先端给爷爷、奶奶，再端给爸爸、妈妈，最后端给自己，如果有客人共同进餐，要先端给客人，再按家庭辈分依次端上。端菜时，要把好吃的菜，合长辈口味的菜，摆放在靠近长辈的面前。即使是自己最爱吃的菜，也不能放在自己面前。有时，长辈出于疼爱，将你爱吃的菜摆放在你面前，也应礼让。

④ 入座。家庭用餐的入座，虽然不像参加宴会或到他人家中做客那样讲究，但也应注意一定的礼仪。先请长辈入座，一般上座应让爷爷、奶奶或爸爸、妈妈坐，自己坐下首，即对着爷爷、奶奶或爸爸、妈妈的位置。如果爷爷、奶奶年老体弱，行动不便，应搀扶着他们入座。另外，坐姿要端正，两小臂靠近桌边上，手臂不要横托在桌上，要双手在桌上，右手持筷子，左手扶着饭碗，不要右臂在桌上，左臂在桌下；要两腿靠拢，双脚平放，不要一条腿搭在另一条腿上，两腿交叠，更不能坐在桌前跳脚晃身。如果有客人共同进餐，座次会有变动，一般是请客人坐上座。如果这时饭桌坐不下了，自己应主动坐另外的桌子上，让出座位，千万不要争座位。

⑤ 用餐时不能在饭菜还未摆好上齐时，就先拿起筷子夹菜，或者眼睛盯着饭菜，表现出一副迫不及待的样子；更不能坐在饭桌边，拿着根筷子敲打碗碟或桌子。

案例分析

如此吃相！

姜克美在与自己的同事一道外出参加一次宴会时，因为举止有失检点，从而招致了大家的非议。

姜克美当时在宴会上为了吃得畅快，在开始用餐时便一而再、再而三地减轻自己身上的"负担"。他先是松开自己的领带，接下来又解开领扣，松开腰带，卷起袖管，到了最后，竟然又悄悄地脱去了自己的鞋子。尤其令人感到不快的是，姜克美在吃东西时，总爱有意无意地咂巴其滋味，其响声真是"一波未平，一波又起""一浪高过一浪"。

姜克美在宴会上的此番作为，不仅令他身边的人瞠目结舌，而且也让他的同事无地自容。大家就此纷纷指责姜克美：丢了自己的脸，丢了单位的脸，也丢了大家的脸。

（二）用餐时的注意事项

① 让长辈先动碗筷用餐，或者在听到长辈说"大家都吃吧！"后再动筷，不能抢在长辈的前面。

② 吃饭时，要端起碗，大拇指扣住碗边，食指、中指、无名指扣碗底，手心空着，要注意吃相文雅。夹菜时，不能用筷子在菜盘里翻来翻去，或用筷子搅拌，应从盘子靠近或面对自己的盘边夹起；不要用筷子穿刺菜肴，当餐叉使用；不要将筷子含在口中，更不能把筷子当牙签使用。如果筷子上有饭粒或菜叶，应吃干净后再去夹菜。注意夹菜时，不要让菜汤滴下来，遇到别人也来夹菜时，要注意避让，谨防筷子"打架"。

喝汤时，调羹不要碰响碗盘，从外向里舀（吃西餐时则应从里往外舀），调羹就口时，要以不离碗、盘所在桌面为限，以免把汤滴在碗、盘的外面。喝汤时不能发出响声，也不要用嘴对着热汤吹气。可先用调羹少舀一点尝尝，慢慢喝，或者舀到碗里，等汤稍稍凉些再喝；不能将汤碗直接就口喝，当汤碗里的汤快喝尽时，应用左手端碗，将汤碗稍稍侧转，再用调羹舀汤，不要将汤碗端起一饮而尽。

吃饭时，要闭嘴咀嚼，细嚼慢咽，这样既有利于肠胃消化，也是餐桌上的礼仪要求；绝不能张大嘴，大块往嘴里塞，狼吞虎咽，更不能在夹起饭菜时，伸出脖子，张大嘴伸着舌头用嘴去接菜。一次不要送入口中太多的食物，这样会给人留下一个嘴馋和贪婪的印象，也不要遇到自己爱吃的菜时，就把盘子端到自己跟前大吃特吃，要顾及餐桌上的其他人。如果盘中的菜已不多，你想把它吃干净，应征询一下同桌人的意见，别人都表示不吃了，才可以把它吃光。

③ 在吃饭中途需要暂时离桌时，要将筷子轻轻搁在桌子上的碗边或碟边，不能插在饭里或放在碗上。不要用筷子指别人，在请别人用菜时，不要把筷子戳到别人面前。总之，筷子不能在餐桌上舞动。用餐的动作要文雅一些，夹菜时，注意不要碰到邻座，不要把盘里的菜拨到桌子上，不要把汤泼翻。不挑食、不偏食，珍惜粮食，不掉饭菜。嘴角粘有饭粒，要用餐巾纸或餐巾轻轻擦掉，不要用舌头去舔。口含食物时最好不要讲话，尤其不要在用餐时开玩笑，以免口中食物喷出或口中食物呛入气管，造成危险。如果确实需要与家人谈话时，应轻声细语。

④ 吐出的骨头、鱼刺、菜渣等，应放在自己面前的桌子上或专用的盘子里，不能直接吐到桌面或地面上。如果要咳嗽或打喷嚏，要用手或手帕、餐巾纸捂住嘴，并把头转向后方。吃饭时嚼到沙粒或嗓子里有痰，应离开饭桌去吐掉。

⑤ 吃饭时，要主动给长辈添饭、夹菜，遇到长辈给自己添饭、夹菜时，要道谢。吃饭时精力集中，不能一边看电视或一边玩手机，这样既不卫生，又影响食物的消化吸收，还会损伤视力。与兄弟姐妹在一起用餐时，要相互礼让，不要在吃饭时打打闹闹或边吃边玩、左顾右盼。不应随便走动，尽量少说话，使大家能在安静的环境中以良好的情绪进餐。

（三）餐后

用完餐后，要轻轻放下碗筷，用餐纸或餐巾擦嘴。如果自己先吃完，要与父母或其他

> 善气迎人，亲如弟兄；恶气迎人，害于戈兵。
> ——管仲

长辈打声招呼再离开座位,如说"爸爸,您慢慢吃",或者说"大家请慢慢吃"等,不能一推饭碗什么话也不说就离开餐桌,这是不礼貌的。当大家都用餐完毕时,应帮忙一同收拾碗筷,擦桌子,洗刷碗筷。不能碗筷一撂,就扬长而去,或者坐在一边由家人忙碌,自己无动于衷,这都是不礼貌、没教养的表现。

案例分析

> 孙亚陪同爸爸妈妈去参加外婆的寿宴。用餐时,大人们举杯换盏尽情地聊着,孙亚伸着筷子,看哪盘菜好吃就一个劲儿地挑着吃,一副不管不顾的样子。有人半开玩笑地说:"这小丫头真聪明啊!"妈妈听了简直无地自容。是呀,在家里吃饭时,奶奶每次做了好菜都紧着孙亚吃。像三鲜虾仁这道菜,孙亚就专挑虾仁吃,奶奶还帮着她挑,直到把盘子里的虾仁挑得一个不剩。现在这个习惯已经养成了,这丢脸的吃相一时哪里改得过来。虽然家里亲戚都说没什么,还不断地给孙亚夹菜,但看到其他几个孩子规矩地坐在那里,孙亚妈妈心里很不是滋味。

第二节 睦邻礼仪

任务目标

1. 正确处理邻里关系,共建和谐社区。
2. 理解邻里相处原则。

邻里,又称邻居,指的是住处相互接近,或处于同一区域之内的人家。

一、邻里相处原则

人在社会上生活,都有左邻右舍,搞好邻里关系,既能增加相互的友谊,又有利各自的家庭生活。因此,要与邻里和睦相处,形成一种互敬、互信、互助、互让、互谅的新型邻里关系。

(一)和睦相处,相互体谅

邻里之间要讲究礼让、友好,不为小事而斤斤计较,多体谅别人家的难处,发生矛盾时要保持冷静,不要发怒,说理要和气。要学会尊重别人,语言更要讲文明。邻里发生争吵,旁观者要劝解,幸灾乐祸是极不道德、极不文明的行为。与邻里相处要讲相互体谅,一是要自觉自律,二是要宽以待人。与此同时,还必须讲究社会公德。具体来说,处理邻里关系时要注意以下细节问题。

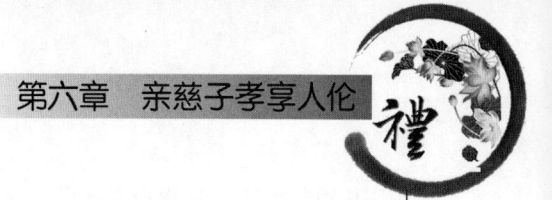

1. 管教孩子

有的时候，邻里关系不佳，往往是孩子们引起的矛盾所致。因此，作为子女的我们，要严格约束自己，不要过分地调皮滋事。作为家长，也只宜管教自己的孩子，而绝对不应当为孩子护短。应多做自我批评，宽容谦让，既为孩子树立榜样，也避免邻里间伤了和气。

2. 财物分清

邻居之间，一定要注意"亲是亲，经济分"。平日借钱、借物，务必要有借有还。在邻里交往之中，不要过分势利，斤斤计较。另外，也不要乱占小便宜，或是动不动就跟邻居们讨价还价，秋后算账。

（二）以礼相待，互相帮助

平时邻居见面要互相打招呼，点头示意或寒暄几句，不要旁若无人，径直而过。邻里之间，需要相互关心，互相爱护。在与邻里交往时，要讲相互关心，主要体现在下述两个方面。

1. 主动照顾

所谓"百万买宅，千万买邻"，由此可见，富有关爱之心的邻居是多么地难能可贵。对邻里主动照顾，不应仅仅是纸上谈兵、口头上客气一下而已，更重要的是要身体力行，从日常生活之中的点滴小事做起。代为看门，看护老人、孩子，协助料理家务，送药送医等，看起来事小，却都是对邻里抱有关爱之心的具体体现。

2. 热心相助

在日常生活中，每个人都难免会碰上一些单凭自己之力难以应付的难题。在这种情况下，他人的鼎力相助，无疑是雪中送炭，情暖人心。要是大家自私自利，人人自扫门前雪，生活中的困难将骤增百倍。因此，当邻里遇上困难，求助于己时，理当出手相帮，绝对不应当瞻前顾后，患得患失。

（三）互相信任，友好宽容

关系密切的邻里之间，往往会倾诉衷肠，相互告知自己的难言之隐。对于邻居的信任，务必要以严守口风作为回报。切勿将对方的隐私视为笑料，随意扩散，更不要添油加醋，飞短流长。

（四）邻里相处要讲究尺度

跟邻里打交道，有必要对对方的基本情况略知一二，这样才能更好地与之和睦相处。了解邻里的情况时要注意方式，讲究自愿，提倡有来有往。了解对方的同时，也要让对方了解自己。碰上对方不愿提及的事，绝对不能"打破砂锅问到底"，或是四下打探。

（五）营造良好的生活环境，方便你、我、他

1. 保持整洁

在日常生活中，心中要经常为他人着想，切忌损害他人利益、集体利益。平时，不要

> 善气迎人，亲如弟兄；恶气迎人，害于戈兵。
> ——管仲

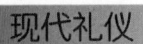

乱扔、乱倒、乱撒废弃之物，尤其不要只顾"自扫门前雪"，不顾公共区域的卫生情况。

2. 注意安静

就居住、休息而言，外来的噪声是最大的干扰。因此平时一定要注意保持安静，不要随意制造噪声扰民。在节假日和午间、晚间的休息时间里，尤其要注意这一点。尤其是我们年轻人，听音乐的时候喜欢调到很大声，这都很可能影响到邻居。

案例分析

> 萧先生和妻子租了某小区的一层居民楼开了家干洗店，小两口对未来充满了憧憬，但是，烦恼也来了。二楼的邻居丁先生家经常漏水，好几次都把他们刚给顾客熨烫完的衣服弄湿。找了丁家好几回，但丁先生态度蛮横，拒不承认。萧先生考虑到邻里关系要处好，能忍就忍了。
>
> 一天，楼上又漏水，正巧丁先生路过萧先生家门口，萧先生赶忙说："丁大哥，你家又漏水了，要不你进我家来看看。""不可能是我家漏的！"丁先生马上回答。这时萧先生的妻子忍不住说："你怎么这么不讲理！"话音未落，丁先生便对其破口大骂。看到妻子受欺负，萧先生再也忍耐不住，双方厮打起来。丁先生的妻子郭女士闻声下楼，随即四人扭打在一起，不幸郭女士被萧先生用小孩玩的玩具打伤。经医院鉴定：郭女士左手多处挫裂创伤；右手拇指节粉碎性骨折，构成轻伤。郭女士以故意伤害罪向法院提起刑事附带民事诉讼。最终，法院以犯故意伤害罪判处萧先生有期徒刑一年，缓刑二年，并一次性赔付郭女士人民币12 000元。
>
> 本来是有理的事，结果由于自己的莽撞，变成了没理，萧先生十分后悔自己的行为。这也告诫我们，处理邻里纠纷应以和为贵，以理服人，才能大事化小，小事化了。

二、邻里相处多礼让

邻里关系要讲究礼让、友好、和睦相处，不为区区小事而斤斤计较，多体谅别人家的难处，发生矛盾时要保持冷静，不要发怒，说理要和气。要学会尊重别人，语言更要讲文明。邻里争吵，旁观者要劝解，幸灾乐祸是极不道德、极不文明的行为。具体应该做到如下几点。

1. 不打扰左邻右舍

安静，不要大声喧哗和说笑；使用音响设备要掌握适宜的音量；尊重邻居的生活习惯；管理教育好孩子，不要不分场合任意吵闹等。

2. 要以礼相待，互相体谅帮助

平时邻居见面要互相打招呼，点头示意或寒暄几句，不要旁若无人，径直而过。日常生活中，邻里间要互相关照。当邻居家遇有婚丧嫁娶，要尽可能给予帮助，对邻居的老人和小孩，要给以尊重和照顾，特别是孤寡老人，当他们遇到困难时，要及时给以帮助。

第六章　亲慈子孝享人伦

3. 使用住房公用部位的注意事项

这是邻里关系中比较敏感的问题，应本着严于律己、大度为怀的态度来处理。在使用公用部位时，应力求平等合理，照顾各方利益。还要替他人着想，如公用水龙头、公用厕所，在早晚大家集中使用时间，不要占用较长时间。要爱护公用设施，对公共事宜，要主动承担责任。如主动打扫环境卫生和交纳公共区域的水电费，积极参加居（家）委会组织的义务劳动等。不能个人利益第一，只图自己方便，做出损人利己的事情。

4. 要互相信任，友好相处

邻里相处，信任是第一位的。遇到鸡毛蒜皮的生活琐事，不要互相猜疑，勾心斗角，通过坦率交换意见，妥善地协调解决各种矛盾。特别要注意为人要宽容，处事要谨慎，要本着"互不干涉内政"的原则，不要总是把眼睛盯着别人家里的私事，说三道四，搬弄是非，不仅破坏了邻里团结，也降低了自己的人格。

> 善气迎人，亲如弟兄；恶气迎人，害于戈兵。
> ——管仲

案例分析

2012年7月30日上午，家住黄绿背的陈女士与邻居李某由于邻里之间的小问题发生纠纷，双方互不相让，发生了激烈争吵。其原委是：2012年7月23日，珠海市遭遇台风袭击，陈女士和李某家的院子和门口存留了很多垃圾。陈女士一家在台风过后积极打扫，清理院子和门口。隔壁李某家将院子清理干净之后，却将垃圾堆积在自家门口和李女士家之间的过道上。这些没能及时清理掉的垃圾中存有较为粗大的树枝，严重影响了陈女士及其家人的出入，多次交涉李某不理不睬。于是，陈女士和家人便将这些粗大的树枝堆放在李某的家门口，这下李某家的出行也变得不方便，李某便与陈女士交涉，没想到话不投机半句多，双方很快发生争吵，险些打了起来。

后社区调解员介入，在弄清事情的来龙去脉后，首先劝解陈女士，邻里纠纷应该采取合法手段解决，不能以暴制暴，尽管李某的行为妨碍了你出行，经交涉未果就应该去找居委会或者村委会协商解决，不能采取堵路这种极端方式来解决问题。如此，不但不能解决你们两家的纠纷，反而激化矛盾使问题变得更加复杂。调解员用换位思考的方式化解了陈女士心中的怒气。之后，征询李某的意见，问他怎么解决这个问题，没想到李某脱口说："还能怎么办，她骂了我，还堵住了我家的门口，现在我就要和她顶到底！看看到底谁怕谁！"调解员批评道："现在是法治国家，你说的是不对的，道路是公共空间，不是私有财产。你堆放东西可以，但是不能妨碍邻居的正常出行啊。邻里之间相互体谅是一种美德，古人都知道远亲不如近邻，你们怎么不明白呢！建议你赶快清除过道两旁的树枝等垃圾，方便邻居也方便自己出行。"

经过调解员耐心劝导，李某主动向陈女士道歉，承认自己不彻底清理垃圾并堆放垃圾影响邻居出行不对，希望她能谅解，并当场表示一定要在当天将垃圾彻底清理干净，保证不影响陈女士一家人出行。看到李家态度诚恳，陈女士也招呼家人马上清理过道和李某家门口的垃圾，一场尖锐的邻里纠纷在调解员"和风化雨"般的调停下得以及时解决。

邻里关系就是这样，有人让步、有人转弯，就有人与人之间的和谐相处。俗话说："好邻里是个宝。"还有句话说："远亲不如近邻，近邻不如对门。"建设和谐的邻里关系，不仅有利于各个家庭，也有利于政府、有利于社会。邻里不和，居民心生烦恼，就会影响工作，影响学习，影响稳定。如果要邻里相处得好，就少不了"礼"和"诚"。

第三节　家庭礼仪禁忌

任务目标

1．了解家庭成员相处禁忌，构建和睦家庭环境。
2．在邻里相处中出现问题，寻求正确的解决途径。

一、家庭成员的相处

尊重长者、孝敬父母是中华民族的传统美德，古人云："父母教，须敬听；父母责，须顺承；父母呼，应勿缓；父母命，行勿懒。"可见古人对"孝敬父母"的教育非常重视。但是，这种美德在如今的一些学生身上很少有表现。常常可以看到这样的家庭生活镜头：吃过饭后孩子扭头看电视或出去玩耍了，父母却在那里忙碌着收拾碗筷；家里有好吃的东西，父母总是先让孩子品尝，孩子却很少请父母先吃；孩子一旦生病，父母便忙前忙后，百般关照，而父母身体不适，孩子却很少问候，养成了"衣来伸手，饭来张口"的不良习惯，甚至对父母的言语置之不理，顶撞父母，对父母产生抵触思想，形成不和谐的家庭关系。

处理好老一代和小一辈的关系，主要责任在小一辈如何对待老一代。所以，在老小相处中，下列四忌务必高度重视。

（一）一忌不尊重老人

由于老人的身体和外界情况均有所改变，上了年纪的人，自尊的需求明显地突出起来。许多老人随着自己生理上的衰老而产生心理上的自卑感，担心小一辈会觉得他们年老不中用了而看不起他们了。所以，会强烈地"计较"自己在家中、在小一辈心中的地位。对于老一代的这种自尊需求，小一辈不能漠视和反感，而应当尽可能满足。首先要在人格

上尊重老人，不能有亲疏厚薄之分，更不能歧视老人，家里的重要事项的决定，应该征求老人的意见，涉及老人的事情，就更要注意与他们商量，采纳他们提出的合理意见。发现老人有不对之处，不能当众训斥。发生意见分歧，不要粗暴地顶撞老人。对老人在家负担的家务劳动，应该经常表达感激之情，使老人处处感到受尊重。否则，不受尊重，常受责备、训斥，老人的心情是不会舒畅的，老小之间的关系也是不会融洽的。

（二）二忌不关怀老人

老年人随着年龄的增大和健康状况的衰退，劳动能力和自理能力都会下降，因而十分希望得到晚辈的关心和照顾。对于老一代的这种需要，理应予以满足。例如，要经常了解老人的健康情况，问寒问暖，照顾饮食起居，陪伴治病检查身体等。而且，还应尽可能地安排好他们的精神生活。切忌对老人的生活不闻不问，让老人产生寂寞感和孤独感。

（三）三忌不体谅老人

有些家庭，因为老人说话啰唆唠叨，遇事倔强固执，喜欢追忆往事，因而与小一辈谈不拢，合不来，造成关系紧张，双方都感到苦恼。要想消除这种状况，小一辈一定要从老人的心理特征来客观地分析他们的言行，用耐心、劝导、体谅态度感动老人。实际上，只要年轻一代能体谅老人的心境，问题就容易解决了。否则，越闹越僵，关系会越来越紧张的。

（四）四忌不宽厚待人

对老一代讲，要想和小一辈处好关系，也要做到温和、慈祥、宽厚。要想得到小一辈的尊重，也要平等待人，切不可时时处处摆老资格，信奉"父为子纲"，经常以长辈之势来压制小一辈。自己的性格要开朗一些，不要斤斤计较一句话，一件事，不要因为小一辈做错了一件事，说错了一句话，就唠唠叨叨没个完，就耿耿于怀常提起，而要宽厚地对待小一辈。只有老一代经常尊重、关怀、体谅小一辈，老一辈才能得到小一辈的尊重、关怀和体谅，老小之间才能相处和睦。

> 善气迎人，亲如弟兄；恶气迎人，害于戈兵。
> ——管仲

案例分析

周朝时，有一位叫郯子的，从小就很孝顺。他的父母年老的时候，双目均患眼疾，想吃鹿乳。郯子苦思冥想，终于想出一个办法。于是他穿上了鹿皮，往深山鹿群中走去，想这样去取得鹿乳供奉双亲，没想到被打猎的人发现。正当猎人举起了弓箭要射杀他时，他急忙喊道："我为了取得鹿乳，给患有眼疾的双亲吃才穿上鹿皮，混到鹿群中采取鹿乳。"猎人知道原来是人不是鹿，才放下弓箭没有射他，并且对他这种孝敬父母的行为赞叹不已。有诗赞曰：亲老思鹿乳，身穿褐毛衣；若不高声语，山中带箭归。

二、邻里之间的相处

好邻居，一辈子！邻里和谐，社会温馨！邻里关系说复杂也不复杂，说简单也不简单，但是好的邻里关系不仅可以促进社区的和谐稳定，也有益于家庭的幸福。那么，怎样才能维系一个好的邻里关系呢？这需要我们每一个人的付出和彼此的迁就礼让。俗话说，远亲不如近邻。但是同在一处大屋檐下生活，不同的脾气秉性、不同的兴趣爱好、不同的生活习惯，总会引发邻里间的小纠纷，这些小纠纷一点点累积起来，就会严重影响邻里关系的和谐。

一直致力于研究邻里关系的律师沈凤君，总结出了邻里相处的几点"弊病"，也为大家找到了几味和谐邻里关系的"解药"。

① 邻里之间发生分歧或吵闹，要积极调解，切忌搬弄是非，火上加油，幸灾乐祸，落井下石。邻里相处应严于律己，宽以待人，不能心胸狭窄，斤斤计较，不肯吃亏，总想占便宜。

案例分析

邻里聊天讲究界限

生活中，邻居聚在一起拉家常、聊聊天是再平常不过的事了，可是看似平常的聊天也会影响到邻里关系，甚至涉及法律纠纷。沈凤君表示，在她的工作中就曾经接触过这样一个案例。

三五成群的大妈、大婶坐在楼下聊天，看见一个小学生放学回来，大家便小声议论起来，"据说他是私生子……"后来，这些闲言碎语被这名小学生听到了，他因此受到了刺激，造成了精神障碍并多次离家出走。该事件就引发了孩子家长和几名邻居间的法律纠纷，在社区的调解下虽然没有闹上法庭，但是孩子的治疗和相关费用由这几名邻居承担。

律师提醒：聊天以不侵犯他人隐私权为前提。侵犯他人隐私，应赔礼道歉，并承担恢复名誉、赔偿损失等民事责任，构成犯罪的还要承担刑事责任。

---

② 娱乐休息时照顾他人，不要将电视机、录音机音量开得过大；不要让孩子在楼道里到处蹦跳，大声喧哗；不要在深更半夜猜拳行令，妨碍他人。邻里之间因为孩子发生不快，不要偏袒自己的子女，指责人家的孩子。饲养宠物的家庭，要注意保证周围邻居的安全，以免对他人生活造成困扰。

第六章 亲慈子孝享人伦

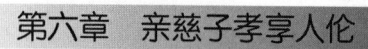

案例分析

小宠物易引发大纠纷

现在饲养小宠物的家庭越来越多，特别是小狗。然而饲养不当或管理不善，可爱的宠物也会成为引燃邻里间矛盾的导火索，从而引发法律纠纷。

沈凤君为记者讲述了一起由宠物引发的恶性案件。楼上的一户居民养狗，这只狗经常跑到楼下的住户家，一天小狗再次跑到楼下住户门口，在该户女业主出门时一下扑在了她的腿上，女业主一脚将狗踢开，结果狗的主人气坏了。两家因此发生了矛盾，并大打出手，造成了很严重的法律后果。

"养狗是受法律约束的行为，饲养者既要遵守法律规定，也要做到自律自觉。"沈凤君表示，除了要看管好自己的宠物外，对于遛狗时间、狗粪便处理等问题也需要注意，尽量维护邻居们的共同利益，打造一个文明、整洁的饲养环境。

律师提醒：动物致人损害，动物的饲养人、管理人承担民事赔偿责任。

③ 维护公共卫生，爱护公共财物，不要在公共楼道内堆放杂物，侵占公用设施。不要往楼下扔东西，不要向窗外吐痰、泼水，不要把花盆放在阳台上，以防下落，伤害他人。邻里之间产生隔阂，不要疑神疑鬼，不要恃势逞强，不要得理欺人，不要斗殴争吵。

④ 尊重邻里的习俗和特殊习惯，不要强人所难。邻里见面要礼貌相待，不可冷淡，不予理睬，更不要蔑视小看他人，伤害侮辱他人。邻里往来，经济上要一清二楚，不要有借无还；邻里之间开玩笑要掌握分寸，不要庸俗；邻里交际要讲究适度，不要过分随便。

案例分析

赠送物品须明确告知

门挨门住着，彼此赠送个东西，表达一下心意都是邻里间的常事。但是，本是好意的赠送有时也会起到相反的作用，甚至引发法律责任。在沈凤君的从业经历中，就接触过这样一个案例。

一户刘姓人家，和邻居相处十几年了，关系很好。刘姓人家搬家时对邻居说，我有一台彩电效果很好，没毛病，送给你吧，我就不拿走了。邻居也很感动，把彩电拿回家，可是到了邻居家，彩电就爆炸了，把邻居炸伤了，后来邻居要求其赔偿医药费共计5 000元。

— 善气迎人，亲如弟兄；恶气迎人，害于戈兵。
——管仲

赠送本来是好事却酿成了悲剧。沈凤君解释说，这就涉及法律问题。所谓赠送，就是赠与人将自己的财产无偿给予受赠人。如果赠与人故意不告知或保证赠与的财产没有瑕疵，造成受赠人损失的应当承担赔偿责任。

沈凤君表示，老刘在赠送彩电时应该说明彩电的使用年限，并提示对方电视是能够引起爆炸隐患的，但是他并没有这样做，因此应当承担赔偿责任。在邻里相处中，如果想要赠送他人物品，一定要告知物品的相关信息，并明确告知受赠人，切勿好心办了坏事。

律师提醒：赠送的财产有瑕疵要明确告知。

实训环节

1. 自我练习，能够正确唤出长辈、平辈及母系长辈的称呼。
2. 浅谈父母对你的影响。
3. 说出在家庭餐饮中我们应注意的礼仪。
4. 长辈与邻里发生矛盾，你如何处理？

微课天地

母慈子孝享人伦

> 礼貌经常可以替代最高贵的感情。
> ——梅里美

第七章

觥筹交错齿留香

> 一个人的礼貌，就是一面照出他的肖像的镜子。
> ——歌德

引导案例：你要知道的餐桌礼仪

C城市接待了一位外商。这位外商是美国人，他来这座城市是进行投资考察的。考察进行得比较顺利，双方达成了初步的合作意向。这天接待方设宴款待该外商，宴会的菜肴很丰盛，主客双方交谈得比较愉快。这时席间上来了一道特色菜，为表示热情，一位接待方领导便为这位外商夹了一筷子菜放到他的碟子里。这位外商当即露出不悦神色，也不再继续用餐，双方都很尴尬。

餐饮礼仪问题可谓源远流长。据文献记载可知，至少在周代，饮食礼仪已形成一套相当完善的制度，特别是经曾任鲁国祭酒的孔子的称赞推崇，周代的饮食礼仪得以世代相传。清代以来，饮食礼仪受西餐传入的影响，一些西餐礼仪也被引进，如分菜、上汤、进酒等方式也因合理卫生的食法被引入中餐礼仪中。中西餐饮食文化的交流，使得餐饮礼仪更加科学合理。随着社会的发展，时代的进步，餐桌礼仪越来越受到人们的关注。为此，掌握餐饮规则的知识便显得特别重要了，无论你是主人还是客人，都必须掌握两方面的礼仪，一方面是来自自身的礼仪规范，如餐饮适量、举止文雅；另一方面是就餐时自身之外的礼仪规范，如菜单、音乐、环境等。

第一节 宴请礼仪

任务目标

1. 根据宴会种类、形式的不同，选择合适的赴宴方式。
2. 宴请工作要准备充分。
3. 熟悉宴请的程序和规范，熟练、得体地遵守宴会礼节。
4. 进行宴会礼仪的自我训练和检测，养成良好习惯。

宴请，是指盛情邀请来宾宴饮的聚会，是人际社会乃至国际交往中常见的礼仪活动之一。各国宴请都有自己国家或民族的特点与习惯。国际上通用的宴请形式主要有4种：宴会、招待会、茶话会、工作餐。每种形式均有特定的要求。政务接待工作对宴请的要求十分严格，除应掌握宴请的规格、就餐的方式、菜肴的选择、位次的排列等4个要点外，还要关注具体的细节。举办宴请活动具体采用何种形式，应根据活动的目的和内容、邀请的对象、出席的人数，以及用餐的标准和服务单位等情况确定。

一、宴请的形式

根据不同的交际目的、邀请对象及费用开支等因素，常见的宴请形式有以下几种。

（一）宴会

宴会是一种比较隆重、正式的宴请形式，按其规格又有国宴、正式宴会、便宴和家宴之分。

1. 国宴

国宴特指国家元首或政府首脑为国家庆典或为外国元首、政府首脑来访而举行的宴会。这种宴会规格高，庄严而又隆重。按规定宴会厅内悬挂国旗，安排乐队演奏国歌及席间乐，宾主双方致辞、祝酒。菜单和座席卡上均印有国徽，出席者的身份规格高，代表性强，宾主均按身份排位就座，礼仪严格。

2. 正式宴会

正式宴会通常是政府和团体等有关部门为欢迎应邀来访的宾客，或来访的宾客为答谢主人而举行的宴会。这种形式除不挂国旗、不奏国歌以及出席者规格低于国宴外，其余的安排大致与国宴相同。

3. 便宴

便宴多用于招待熟悉的宾朋好友，是一种非正式的宴会。这种宴会形式简便，规模较小，不拘严格的礼仪，不用排座位，不作正式致辞或祝酒，宾主间较随便、亲切，用餐标准可高可低，适用于日常友好交往。常见的便宴按举办的目的不同来分，有迎送宴会、生

日宴会、婚礼宴会、节日宴会、特别宴会等。

4. 家宴

家宴顾名思义就是在家中设宴招待客人，以示亲切、友好。它在社交和商务活动中发挥着尊敬客人和促进人际交往的重要作用，西方人喜欢采取这种形式宴请客人。家宴在形式上可分为家庭聚会、自助会、家庭冷餐会和在饭店宴请等几种。

（二）招待会

招待会是一种灵活、经济实惠的宴请形式。常见的招待会主要分为冷餐会、自助餐和酒会3种。

1. 冷餐会

冷餐会是一种立餐形式，不排座位。菜肴以冷食为主，也可冷热兼备，连同餐具一同摆设在餐桌上，供客人自取。客人可以多次取食。站立进餐，自由活动，彼此随意交谈。当然，对于老年、体弱者要准备座椅，可由服务员接待。冷餐会既节省费用又让人感觉亲切随和，越来越被广泛地采用。我国举行大型冷餐会，往往用大圆桌，设座椅，主桌安排座位，其余各席并不固定座位。食品和饮料均事先放置在桌上，招待会开始后，自行进餐。

2. 自助餐

自助餐和冷餐会大致相同，只是现代自助餐比较丰富，而且有比较多的热菜，甚至有厨师当场煎炒。以西式为主这种宴请形式的特点是不排座位，菜肴以冷食为主，也可冷、热兼备，餐具、酒水、饮料陈放在桌上，供来宾自取。自助餐可设小桌、椅子，自由入座，也可不设座椅，站立进餐，来宾可自由活动多次取食。自助餐的地点可在室内也可在室外花园。这种宴请形式适合招待人数众多的宾客。

3. 酒会

酒会也称鸡尾酒会。食品以酒水为主，略备小吃，不设座位，宾主皆可随意走动，自由交谈。这种形式比较灵活，便于广泛接触交谈。举行时间亦较灵活，中午、下午、晚上均可，持续时间2小时左右。在请柬规定的时间内，宾客到达和退席的时间不受限制，可以晚来早退。酒会多用于大型活动，因此，客人可利用这个机会进行社会交际和商务交际。

（三）茶会

在西方一般有早、午茶时间，即上午10时和下午4时左右，以请客人品茶为主。茶会通常设在客厅，设茶几座椅，略备点心小吃，不排座位，入座时有意识将主宾和主人安排坐在一起，其他人随意就座。茶会通常体现茶文化，如茶道等，因此对茶叶、茶具及递茶均有所规定。我国通常称为"茶话会"。

（四）工作进餐

工作进餐是现代国际交往中又一非正式宴请形式，按用餐时间可分为工作早餐、工作午餐和工作晚餐。进餐时，双方可边吃边谈。这种形式多为快餐分食的形式，既简便快

一个人的礼貌，就是一面照出他的肖像的镜子。

——歌德

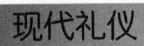

速，又符合卫生要求，此类活动多与工作有关，故一般不请配偶。双边工作进餐往往以长桌安排座位，便于宾主双方交谈、磋商。

二、宴请的准备礼仪

宴请是一种社交性活动，是对宾客的一种较高规格的礼遇，所以主办单位或主人一定要认真、周到地做好各种准备工作。

（一）明确宴请对象、范围、规格

宴请的目的一般很明确，如节日聚会、贵宾来访、工作交流、结婚祝寿等。根据不同目的来决定宴请的对象和范围，即请哪些人、请多少人，并列出客人名单。在确定邀请对象时应考虑到客人之间的关系，以免出现不快和尴尬的局面。宴请规格的确定一般应考虑出席者的最高身份、人数、目的、主宾情况等因素。规格过低，会显得失礼、不尊重；规格过高，则造成浪费。

（二）选择宴请的时间、地点

应根据宴请的目的和主客双方的情况而定，一般来说，宴请的时间安排以对主客双方都较为合适为宜，最好事先征求一下主宾的意见，尽量方便客人，避免与工作、生活安排发生冲突，通常安排在晚上6：00—8：00。在时间的选择上还不宜安排在对方的重要节日、重要活动之际或有禁忌的日子和时间。例如，欧美人忌讳13，日本人忌讳4、9，因此宴请时间尽量避开以上数字所对应的时日。宴请的地点也应视交通、宴会规格和主客的情况而定，如果是隆重的宴请活动，一般安排在政府议会大厦或客人下榻的宾馆酒店内举行；企事业单位的宴请，有条件的可在本单位的饭店或附近的酒店进行。

（三）邀请

宴会邀请一般均发请柬，也有手写短笺、电话邀请。邀请不论以何种形式发出，均应真心实意、热情真挚。请柬内容包括活动时间及地点、形式、主人姓名。行文不用标点符号，其中人名、单位名、节日和活动名称都应采用全称。中文请柬行文中不提被邀请人姓名（其姓名写在请柬信封上），主人姓名放在落款处。请柬格式与行文方面，中外文本的差异较大，注意不能生硬照译。请柬可以印刷也可手写，手写字迹要美观、清晰。

请柬信封上被邀请人的姓名、职务要书写准确。国际上习惯对夫妇两人发一张请柬，而我国在如遇需凭请柬入场的场合则夫妻每人一张。正式宴会，最好能在发请柬之前排好席次，并在信封下角注上席次号。请柬发出后，应及时落实出席情况，准确记载，以便调整席位。

请柬一般提前一两周发出。已经口头约妥的活动，仍应补送请柬，在请柬右上方或下方注上"To remind"（备忘）字样。需安排座位的宴请活动，应要求被邀者答复能否出席。请柬上一般注上"R. S. V. P.（请答复）"法文缩写字样，并注明联系电话，也可用电话询问能否出席。

知识链接：请柬样式

正式宴会请柬

×××先生谨定于××××年×月×日（星期×）晚×时在××宾馆××楼举行宴会

敬请光临

××××公司

总经理××

普通请柬

谨定于××××年×月×日（星期×）晚×时在××饭店举行宴会

敬请光临

敬请回复×××

电话：×××××××（主人姓名）

（四）菜谱的安排

宴会菜谱的确定，应根据宴会的目的、形式、规格和时间等来定，总的原则应考虑客人的身份，做到丰俭得当。整桌菜谱应有冷有热，荤素搭配，有主有次，主次分明，既突出主菜，如鲍鱼、鱼翅等，以显示菜肴的档次，又配一般菜以调剂客人的口味，如特色小炒、传统地方风味菜等，以显示菜肴的丰富。具体菜肴的确定，还应以适合多数客人的口味为前提，尤其要照顾主宾的饮食习惯。例如，不少外宾并不太喜欢我们的山珍海味，特别是海参；伊斯兰教徒的清真席，不得用酒和猪肉，甚至不用任何带酒精的饮料；印度教徒不吃牛肉，满族人不吃狗肉，等等。所有这些忌讳，在选菜时都应该考虑周到。

（五）席位安排礼仪

宴会一般都要事先安排好桌次和座次，以便参加宴会的人都能各就各位，入席时井然有序。排列桌次应以"面门为上，以近为大，居中为尊，以右为尊"为原则，其他桌次按照以主桌"近为主、远为次，右为主、左为次"的原则安排。

（六）宴请程序

迎客时，主人一般在门口。官方活动时，除主人外还有少数其他主要官员排列成行迎宾，通常称为迎宾线，其位置一般在宾客进门存衣以后进入休息厅之前。与宾客握手后，由工作人员引入休息厅或直接进入宴会厅。主宾抵达后由主人陪同进入宴会厅，全体宾客入席，宴会开始。若宴会规模较大，则可请主桌以外的客人先入座，贵宾后入座。若有正式讲话，可以一入席宾主双方即讲话，也可以安排在热菜之后甜食之前由主人讲话，接着由主宾讲话。冷餐会及酒会讲话时间则更灵活，吃完水果，主人和主宾起立，宴会即告结束。

> 一个人的礼貌，就是一面照出他的肖像的镜子。
> ——歌德

三、赴宴的礼仪

宾客参加宴会，无论是代表组织，还是以个人身份出席，从入宴到告辞都应注重礼节规范。这既是个人素质与修养的表现，又是对主人的尊重。

（一）认真准备

接到邀请后，对能否出席应尽早答复对方，以便主人做出安排。一旦确定出席，就不要随意改动，万一遇到特殊情况不能出席时，尤其是作为主宾，要尽早向主人解释、道歉，甚至亲自登门表示歉意。应邀出席一项活动之前，要核实宴请的主人，活动举办的时间、地点，是否邀请配偶，以及对服饰的要求等。

出席宴会之前，一般应梳洗打扮。女士要化妆，男士梳理头发并剃须。衣着要求整洁、大方、美观，以给宴会增添隆重热烈的气氛。如果参加家庭宴会，可给女主人准备礼品，在宴会开始之前送给主人。礼品价值不一定很高，但要有意义。

（二）按时抵达

按时出席宴会是最基本的礼貌。出席宴请活动，抵达的迟早、逗留时间的长短，在一定程度上反映对主人的尊重，应根据活动的性质和当地习俗掌握。迟到、早退、逗留时间过短，都被视为失礼或有意冷落。身份高者可略晚些到达，一般客人宜略早些到达。出席宴会要根据各地习惯正点或晚一两分钟抵达，我国则是正点或提前一两分钟抵达。出席酒会可以在请帖注明的时间内到达。抵达宴会活动地点，先到衣帽间脱下大衣和帽子，然后前往迎宾处，主动向主人问候。如果是庆祝活动，应表示祝贺。对在场的其他客人，均应点头示意，互致问候。

（三）礼貌入座

应邀出席宴会活动，应听从主人的安排，在进入宴会厅之前先掌握自己的桌次和座位。入座时注意桌上座席卡是否写有自己的名字，不可随意入座。如邻座是长者或女士，应主动协助，帮助他们先坐下。入座后坐姿要端正，不可用手托腮或将双臂肘放在桌上。坐时应把双脚踏在本人座位下，不可随意伸出，影响他人。不可玩弄桌上的酒杯、碗盘、刀叉、筷子等餐具。

（四）注意交谈

坐定后，如已有茶，可轻轻饮用。无论是主人还是宾客或陪客，都应与同桌的人交谈，特别是左邻右座，不可只与几位熟人或一两人交谈。若不相识，可自我介绍。谈话要掌握时机，要视交谈对象而定。不可只顾自己一人夸夸其谈，或谈一些荒诞离奇的事而引人不悦。

（五）文雅进餐

宴会开始时，一般是主人先致祝酒辞。此时应停止谈话，不可吃东西，注意倾听。致

辞完毕，主人招呼后，方可进餐。进餐时要注意举止文雅，取菜时不可一次过多。盘中食物吃完后如果不够，可以再取。吃东西要闭嘴嚼，不可发出声响。要将食物送进嘴里，不可伸出舌头去接食物。嘴里有食物时不可谈话。剔牙时，要用手或餐巾遮口，不可边走动边剔牙。

案例分析

李先生剔牙

小王为答谢好友李先生一家，夫妻两人在家设宴。女主人的手艺不错，清蒸鱼、炖排骨、烧鸡翅……李先生一家吃得津津有味。这时，有肉丝钻进了李先生的牙缝。于是，李先生拿起桌上的牙签，当众剔出滞留在牙缝中的肉，还将剔出来的肉丝吐在烟灰缸里。看着烟灰缸里的肉丝，小王夫妇一点胃口都没有了。

（六）学会祝酒

举杯祝酒时，主人和主宾先碰，人多时可以同时举杯示意，不一定碰杯。祝酒时不可交叉碰杯。在主人和主宾祝酒、致辞时应停止进餐，停止交谈。主人和主宾讲话完毕，与贵宾席人员碰杯后，往往到其他席敬酒，此时应起立举杯。碰杯时要注视对方，以示敬重友好。宴会上相互敬酒表示热烈的气氛，但切忌饮酒过量，一般应控制在本人酒量的1/3以内，以免失言失态。如不能喝酒，可以礼貌地声明，但不可以把杯子倒置。

知识链接：不同民族的敬酒风俗

藏族人好客，用青稞酒招待客人时，先在酒杯中倒满酒，端到客人面前，这时，客人要用双手接过酒杯，然后一手拿杯，另一手的中指和拇指伸进杯子，轻蘸一下，朝天一弹，意思是敬天神，接下来，再来第二下、第三下，分别敬地、敬佛。这种传统习惯是提醒人们青稞酒的来历与天、地、佛的慷慨恩赐分不开，故在享用酒之前，要先敬神灵。在喝酒时，藏族人民的约定风俗是：先喝一口，主人马上倒酒斟满杯子，再喝第二口，再斟满，接着喝第三口，然后再斟满。往后，就得把满杯酒一口喝干了。这样做，主人才觉得客人看得起他，客人喝得越多，主人就越高兴。说明主人的酒酿得好。藏族人敬酒时，对男客用大杯或大碗，敬女客则用小杯或小碗。

壮族人敬客人的交杯酒并不用杯，而是用白瓷汤匙，两人从酒碗中各舀一匙，相互交饮。主人这时还会唱起敬酒歌："锡壶装酒白连连，酒到面前你莫嫌，我有真心敬贵客，敬你好比敬神仙。锡壶装酒白瓷杯，酒到成前你莫推，酒虽不好人情酿，你是神仙饮半杯。"西北裕固族待客敬酒时，都是敬双杯。主人不论客人多少，只拿出2只酒杯，在场的主人轮番给客人敬双杯。

一个人的礼貌，就是一面照出他的肖像的镜子。
——歌德

（七）告辞致谢

宴会结束一般先由主人向主宾示意，请其做好离席准备，然后从座位上站起，这是请全体起立的信号。一般以女主人的行动为准，女主人先邀请女主宾离席退出宴会厅。告辞时应礼貌地向主人道谢。通常是男宾先向男主人告辞，女宾先向女主人告辞，然后交叉，再与其他人告辞。席间一般不应提前退席，若确实有事需提前退席，应向主人打招呼后轻轻离去。对主人的宴请表示致谢，除了在宴会结束告辞时表示谢意之外，若正式宴会，还可在两三天内以印有"致谢"或"P.R"字样的名片或便函寄送或亲自送达表示感谢。有时私人宴请也需致谢。

第二节　中餐礼仪

任务目标

1. 了解中餐的宴请礼仪，做到不失礼于人。
2. 熟悉中餐宴请的餐具摆放、上菜等程序。
3. 熟悉中餐宴请的程序和规范，熟练、得体地遵守宴会礼节。
4. 进行文明用餐，展现良好精神风貌。

一、中国传统饮食文化

《礼记·礼运》云："夫礼之初，始诸饮食。"中餐礼仪是中国饮食文化的一个重要组成部分。据记载，我国的餐饮礼仪始于周公，经过千百年的演进，终于形成现今被大家普遍接受的一套中餐礼仪体系。中餐礼仪既是对古代饮食礼制的继承和发展，也是现代社会交流和沟通的产物。中餐礼仪包括进餐礼仪、宴请礼仪、赴宴礼仪等内容，这些内容不仅存在于上层社会的社交活动中，同时也存在于民间的日常生活中。

二、中餐宴请礼仪

中餐宴请，是我国社交中最普遍的交流方式，宴请的形式和内容很多，小到家宴，大到国宴。在宴请的过程中，主客双方人员的修养和气质都能在进餐的整个过程中充分体现，因此，了解中餐宴请礼仪的知识，对每一个社会人都是很重要的。

（一）中餐桌次礼仪

在宴请中，桌次与座位是一个不可忽视的问题。恰当的桌次与座位的安排能显示来宾的地位，表达对来宾的尊敬，并能取得特定的效果。桌次的尊卑以离主桌位置远近而定，近尊远卑，右尊左卑。桌数较多时，要摆桌次牌。宴会可用圆桌、方桌或长桌，一桌以上

的宴会，桌子之间的距离要适中，各个座位之间的距离要相等。团体宴请中，宴桌排列一般以最前面的或居中的桌子为主桌。餐桌的具体摆放还与宴会厅的地形条件有关。各类宴会餐桌摆放与座位安排都要整齐统一，椅背达到纵横成行，台布折纹要向着一个方向，给人以整体美感。

（二）中餐座位礼仪

礼宾次序是安排座位的主要依据。中餐一般为圆桌，每桌不宜超过10人，成双数。圆厅居中为上，横排时以右为上，纵排时以远为上，有讲台时临台为上。每张桌子上的具体排位，面门为主，右高左低，各桌同向。请柬上要注明桌次，宴会厅门口有桌次示意图，现场有引位员，桌上放置桌次牌及用餐者名片。我国习惯按客人本身的职务排列，以便谈话，如夫人出席，通常把女方排在一起，即主宾坐在男主人右上方，其夫人坐在女主人右上方；两桌以上的宴会，其他各桌第一主人的位置一般与主人主桌上的位置相同，也可以面对主桌的位置为主位。在具体安排座位时，还应考虑其他因素。例如，双方关系紧张的应尽量避免安排在一起，身份大体相同，或同一专业的可安排在一起。

从古到今，因为桌具的演进，所以座位的排法也相应变化。总的来讲，座次是"尚左尊东""面朝大门为尊"。家宴首席为辈分最高的长者，末席为最低者。巡酒时自首席按顺序一路敬下。若是圆桌，则正对大门的为主客，左手边依次为2，4，6……右手边依次为3，5，7……直至会合。若为八仙桌，如果有正对大门的座位，则正对大门一侧的右位为主客。如果不正对大门，则面东的一侧右席为首席。然后首席的左手边坐开去为2、4、6、8，右手边为3、5、7。如果为大宴，桌与桌间的排列讲究首席居前居中，左边依次2、4、6席，右边为3、5、7席，根据主客身份、地位，亲疏分坐。

> **知识链接：从鸿门宴上的座次谈古代座次礼仪**
>
> 鸿门宴上，司马迁着意描述了宴会上的座次："项王、项伯东向坐；亚父南向坐，亚父者，范增也；沛公北向坐；张良西向侍。"就是说，项羽和项伯面向东坐，范增面向南坐，刘邦面向北坐，张良面向西侍奉、陪席。这一描述看似寻常之笔，实则大有深意，它对表现人物的性格特征具有重要作用。
>
> 我国是一个礼仪之邦，在古代，人们交往中的座次也是很讲究的，它显示着人们社会地位的高低贵贱，表现着主人待客的不同态度。因此，不同的场合、不同的处所，有着不同的礼节规范。

就宫室内的座位来说，有着堂上和室内的区别。我国古代宫室的主要建筑物一般为坐北朝南，通常是堂室结构，前堂后室。其内部空间前部分是堂，通常是行吉凶大礼的地方，不住人；堂的后面是室，住人；室的东西两侧是房，分东房和西房。如《礼记·问丧》中有"入门而弗见也，上堂又弗见也，入室又弗见也"之句，可见其堂在前，室在后的位置。

在堂上举行的礼节活动是南向为尊。皇帝聚会群臣，他的座位一定是坐北向南的。因

一个人的礼貌，就是一面照出他的肖像的镜子。
——歌德

此，古人常把称王称帝叫作"南面"，称臣叫作"北面"。古代的"南面"就是坐北朝南，即面朝南坐，其位为尊为上；"北面"就是坐南朝北，即面朝北坐，这相对"南面"就有些低下。这种情况主要表现在两个方面。一是古代师生在课堂上教学，老师面朝南坐，学生则面朝北聆听老师的教诲。如《汉书·于定国传》："北面，备弟子礼。"也就是说，面朝北对老师行学生敬师之礼。二是古代的君主面朝南坐，臣子朝见君主时则面朝北，所以，对君主称臣则为"北面"。如《史记·田单列传》："王蠋，布衣也，义不北面于燕。"这里的"北面于燕"就是对燕国称臣的意思，王蠋虽然是个普通的平民，但他有强烈的爱国之心，誓死不对燕国称臣，也就是不向燕国投降。

室东西长而南北窄，室内最尊的座次是坐西面东，其次是坐北向南，再次是坐南面北，最卑是坐东面西。古书上有"东家""西宾"的说法，即就室内而言。古人将宾客和老师都安排在坐西朝东的座位上，以表示尊敬。所以，对宾客和老师也尊称为"西席"或"西宾"。《称谓录》卷八有载："汉明帝尊桓荣以师礼。上幸太常府，令荣坐东面，设几。故师曰西席。"唐朝柳宗元《重赠刘连州》诗中有"莫道柳家无子弟，往年何事乞西宾"的句子，这里的"西宾"就是对家塾老师的敬称。客人的座位在西，主人陪客的座位则在东了，所以把主人称为"东家"。

古人设宴，对座次安排十分讲究，主人坐什么位子，客人坐什么位子，都有严格规定，乱坐就有喧宾夺主，以下犯上之嫌。现在，我们再看"鸿门宴"上的座位次序。举行宴会当是在室内，而不能在堂上。项羽、项伯朝东而坐，最尊；范增朝南而坐，仅次于项氏叔侄的位置；项羽让刘邦北向坐，又卑于范增，不把他看成与自己地位相当的宾客；张良面朝西的位置，是在场人中最卑的了，不能叫坐而叫侍。刘邦的参乘樊哙得知项庄舞剑意在沛公，于是冲入营帐，"披帷西向立"。樊哙地位比张良又下一等，此时他虽然"瞋目视项王，头发上指，目眦尽裂"，却仍然不忘规矩，不仅站立，而且"西向"。樊哙的"西向立"，正表明"西向"是最卑的位次。司马迁之所以不惜笔墨一一写出每个人的座次，就是通过项羽对座次的安排，突出表现项羽藐视刘邦，以尊者自居的傲慢心理，由此细节，可见项羽骄矜专横、唯我独尊的性格，也可见刘邦忍辱屈从、顾全大局的雄心。所以，我们说司马迁对"鸿门宴"上座次的描述绝非寻常之笔。

（三）宴请主人的礼仪

1. 主人应在门口迎接宾客

宴会开始前，作为主人应将一切准备妥当，着装得体大方，保持一定的风度，站立于门前迎接宾客。主人应分别依次招呼每一位来宾，并安排固定人员为宾客引座，座次应按照宾客的职务和辈分的高低提前安排好，不可疏忽。大部分客人到齐后，除留一二个人在门口接待外，主人应回到宴会场招呼和应酬宾客。

2. 热情对待每一位宾客

宴请主人应以热诚的态度对待所有宾客，不可厚此薄彼。例如，如果你正和某客人应酬着，碰到另一些客人进来，不能分身时，可先对原来的客人道歉，再抽身前去接待，

千万不能因忙乱而怠慢了客人。一旦发觉有的来宾孤单无伴，就要找朋友们介绍认识，以免使客人感受到冷落。如请的客人较多，宴请主人应分坐到各桌间招呼客人。

3. 上菜前应为宾客先斟茶

在客人还没到齐前，应为先到的客人斟茶，或上一些瓜子之类的零食，不能上菜。特别要注意，每到一位客人，都应快速将茶斟上，不可有所怠慢。

4. 主人应主动为宾客敬酒

上菜后，主人应先向同桌的客人敬酒，说一些感谢光临的话，然后请客人"起筷"。在宾客较多的情况下，主人要亲自到每一桌去敬酒，并一一致意。

5. 主人应为宾客送行

席散后，主人应回到门口，等待客人离去，并一一握手送行。如是小型宴会，可让小辈送长辈和路远的客人一程，或给他们叫出租车，以示主人的情意。

6. 家庭宴请

如计划在家中宴请客人，主人首先应将房间打扫干净，并作适当布置，以体现出主人的文化修养和内涵。在家中宴请客人，一般都是女主人亲自下厨，但在入席前，女主人应换上得体的服装再陪客人一起用餐，不要穿着在厨房烹制菜肴的衣服就入席。男主人应在席间多应酬，还应适时地关照女主人，体现出男士的绅士风度，千万不能对女主人不管不顾。

（四）赴宴者的礼仪

1. 赴宴者的仪表礼仪

宴会是一种社交活动，赴宴者应注重自己的仪表和形象。在接到请柬时，应先了解清楚宴会的档次和内容，如是较高档次的宴会，男子就应穿得正式一些，如只是一般的应酬宴会，男子只需将自己打扮得整齐大方即可；而对于女子来说，无论是什么档次的宴会，都应穿得漂亮和华丽一些，外加适当地化妆，使之显出女子的秀丽。不管是男子还是女子，参加宴会时都要保证身上没有异味。另外，要修饰头发和胡须。

2. 赴宴者的馈赠礼节

当收到一张请柬时，最好先看清楚宴请的性质（寿酒、喜酒还是孩子满月酒等），在决定赴宴后，要考虑"送礼"的问题。送礼的多少，取决于你和主人相交的深浅程度，交情深的，礼自然就要厚一些；交情浅的，礼便可以轻一点。送什么礼物要根据宴席的性质而定。公务宴请，一般不用赠送礼物。

3. 进入宴会场所时的礼节

赴宴者到了宴会地点时，见到主人首先要说一些祝贺或感谢的话。如一时未见到主人可先与相识的朋友交谈，或找座位静坐等候，千万不要到处乱窜找主人。如看见主人在与其他客人交谈，可先示意让主人知道你的到来即可，不要勉强打断主人与他人的谈话。

4. 参加宴会不能迟到

参加宴会，切记不要迟到。迟到是对主人和先到宾客的不尊重。万一迟到了，在坐下

之前，要先向所有在场的人微笑打招呼，同时还要表示歉意。

5. 按主人安排的座次入席

赴宴者应按主人指定的座位入座。在没有特殊安排的情况下，可不必拘泥这一点，入座前切记要用手把椅子往后拉一点再坐下。男士应主动为同去的女士将椅子拉好，女士不必自己动手拉椅子。入席后要坐得端正，双腿靠拢两足平放在地上，不宜将大腿交叠，双手不可放在邻座的椅背上或桌上。

6. 用餐前的礼仪

菜未上桌时，不可玩弄餐具或频频起立离座，也不可给主人添麻烦。进餐前，服务员送上的第一道湿纸巾是擦手的，不要用它去擦脸；菜上桌后，要等主人招呼后才能动筷。

案例分析

王小杰忽然接到同学张忻的电话，问他什么时候来参加自己的生日聚会，这时王小杰才想起自己已答应今晚参加他的生日聚会。于是匆匆忙忙赶到聚会地点，发现来的人很多，有一些相识的同学，但也有很多不认识的人。王小杰一整天在外奔波，衣服穿得很随便，加之连日来事情很多，脸上也满是疲惫之色。当王小杰随随便便、拖着有些疲惫的步子走进聚会厅时，看到别人都衣着光鲜、神采飞扬，不觉心里有点不快，后悔自己勉强过来参加聚会，所以脸色更是难看，没有一点笑容。张忻过来招呼王小杰，王小杰勉强表达了祝福，便坐在一旁喝了几杯啤酒，也不想与人寒暄，坐了一会便又借故离开了。

在面对赴宴时，要注重赴宴礼仪。在接受他人邀请后，如因故不能出席，应深致歉意，或登门致歉。作为宾客，应略早到达为好，且应在参加前做好仪容准备工作。席间交谈应与主人和同桌亲切交谈。告辞时间不宜过早。而王小杰在劳累时不应该勉强出席。而后，他匆忙赶到聚会厅，且衣着随意，显示出他对宴会的不重视。在宴会中，面无笑容，且提前离开都显示出他的不礼貌。既影响自己的心情，让自己过于疲惫，又影响他人心情。这是失败的社交事件。

（五）进餐时的礼仪

1. 席间不易高谈阔论

进餐时，不宜高谈阔论；吃食物时，尽可能将嘴巴闭合，不要发出声音。夹菜要文明，应等菜肴转到自己面前再动手；一次夹菜不可太多；用餐时动作要文雅，不要将菜、汤弄翻；喝汤时不要发出声响。

2. 使用水盂要文雅

上龙虾、水果等时，会送上一只水盂，这不是饮料，是洗手的。洗手时只能两手轮流沾湿指头，轻轻刷洗，不要将整只手放进去。

3. 不可对着餐桌打喷嚏

席间万一要打喷嚏、咳嗽，应马上掉头向后，拿餐巾或纸巾掩口。如果伤风咳嗽，最好不去赴宴会。

4. 主人致辞时应表示尊重

席间如有主人向宾客致辞，应停止进食，正坐恭听。主人致辞完毕应鼓掌致谢，这是对主人的尊重。在主人致辞时，千万不可交头接耳、左顾右盼或搬弄餐具。

5. 注意席间的礼节

席间夹菜时，筷子不可在碟中乱翻或不顾及他人，大吃、特吃自己爱吃的食品。进餐时，筷子和汤匙不能整段塞进嘴里，筷子夹菜送到牙齿，汤勺仅沾唇边即可。当菜掉到碟外后，只能将其夹来自己食用或放于残渣碟中，切记不可重放于原碟中。

6. 不要中途退席

最好不要中途离去。若万不得已要先离去，应向同桌人说声"对不起"，同时还要郑重地向主人道歉。如有长辈在场，最好先后退两步再转身离去。

7. 注意剔牙时的举止

用牙签剔牙应用手或餐巾纸掩住嘴巴，不要将自己的牙床全露出来，这样有失雅观。

8. 宴会告辞礼仪

宴会完毕告辞时，应走到主人面前握手说一些感谢的话，话要简单、精练，千万别拉着主人的手说个没完，妨碍主人送客。

三、中餐餐具使用礼仪

中餐礼仪是中国传统文化的一个重要组成部分，内容非常丰富。除了上面所描述的以外，还有中餐餐具的使用礼仪、上菜礼仪、使用筷子的礼仪等。

（一）中餐餐具的摆放

中餐餐具主要包括杯、盘、碗、筷、匙等。在宴会上，水杯放在菜盘上方，大盘纯属摆设，除了用来压住餐布的一角，别无它用。用大盘来盛放东西是不合餐桌礼仪的。盘叠在大盘之上，用来盛放吃剩下的骨、壳、皮等垃圾。小盘里没有垃圾或者垃圾很少的情况下，也可以用来暂放用筷子夹过来的菜。

注意：夹过来的菜要放在小盘的远端，垃圾放在小盘近端；小盘子不能端起来；不要夹太多的菜堆在小盘里；小盘里垃圾太多要让服务员及时换掉；小碗是用来盛汤的，当筷子去夹汤汁较多的菜时，可以端起小碗去接。也就是说小碗是可以端离桌面的，而前两者不能端离桌面。大盘离身体最近，正对领带。餐布一角压在大盘之下，一角垂落桌沿。小盘叠在大盘之上；大盘左侧放手巾，左前侧放小碗；小瓷汤勺放在碗内，右前侧放置酒杯，右侧放筷子。

（二）中餐的上菜顺序

中餐上菜顺序一般为先凉后热，先炒后烧，咸鲜清淡的先上，味浓味厚的后上，最后

> 一个人的礼貌，就是一面照出他的肖像的镜子。
> ——歌德

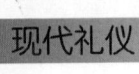

是甜品和水果。宴会上的桌数再多，每桌都要同时上菜。有一定档次的宴席，热菜中的主菜，如燕窝、海参、鱼翅等应该先上，即档次较高的热菜先上。

（三）中餐中使用筷子的礼仪

筷子是我们吃饭的必备工具，我们参加宴席时，应该了解遵守餐桌上的筷子礼仪。首先拿筷子的位置要适中，忌讳拿得过高或过低。需要使用其他餐具时，应先将筷子放下。筷子一定要放在筷子架上，不能放在杯或盘子上，否则容易碰掉。如果不小心把筷子碰掉地上，要请求换一双。其次在等待就餐时，筷子一定要整齐码放在饭碗右侧筷子架上，不能把筷子掷在桌上。筷子不能交叉摆放。两根筷子的大头一端朝向餐桌边缘，小头一端朝向餐桌中间。在宴席上用筷，还有一种礼俗：客人入座后，主人先拿起筷子，然后说"请大家一起动筷子，不必客气"，这时客人方可动筷。在此以前，动筷是失礼的。进餐时，拿着筷子在菜盘夹菜前想好自己想吃什么，夹到什么吃什么，夹菜时应遵循就近原则。用餐时，用一双筷子去夹盘子里的菜品。用筷子往自己盘子里夹菜时手要利落，尽量不要将汤汁洒到别的菜盘上，汤汁比较多的菜最好用勺子。在进餐时即使筷子里残留菜或汁也不要用嘴去舔，因为这是很不礼貌的。以筷子代牙签剔牙也是非常粗俗的表现，不要在请别人用菜时用自己用过的筷子给别人夹菜，对重要客人表达尊重需要夹菜时，一定要用公筷。在我们用筷子夹菜的时候，如果刚好遇到别人也来夹菜时，要有意避让，和和气气，谨防"筷子打架"。不要持筷子过"河"夹菜。摆动餐桌上的转盘，要选在无人夹菜的空档。在一些普通家庭里，在就餐时，依然保持着选最好的座位给老人，首先为老人摆放筷子，一家人务必等老人入座方上桌，长辈未下筷前不得先下筷夹菜，许多晚辈依然通行为老人选夹好菜的礼仪。这是我们传统的尊敬老者的餐桌礼仪。

在餐桌文化中，一些少数民族还有一些特别的筷子礼俗。湖南和湖北西部地区的土家族一直沿袭着"筷摆十字"的礼俗习惯。在土家族人家做客时，若吃饱了，不想再添饭，为表示尊重，要将筷子在碗上摆成十字，意为吃饱了，吃不下了。主人看到此景后，立即会意，就不再帮你添饭。在彝族的餐桌上，如果是常客，不需要主人代你盛饭，则将筷子搁在碗上；如果是生客，不好意思自己盛饭，就将筷子摆在碗的右边，而筷子放在碗的左边则表示你已经吃饱。去上述少数民族家中做客时，应该记住这些筷子礼仪。

> 在宴席上最让人开胃的就是主人的礼节。
> ——莎士比亚

四、文明进餐

进餐是人们生活中不可缺少的个人活动。通常情况下，在工作时间，人们多在食堂或小餐馆进餐，有时也会在办公地点与同事们一起吃快餐；下班或假日，有条件的人都回家用餐。无论在哪里用餐，行为举止都要文雅和礼貌。

（一）到食堂、餐馆进餐要遵循公共场合的礼仪

在食堂或餐馆用餐，用餐者首先要懂得尊重服务人员。例如，使用餐盘的用餐者，餐后要主动将餐盘送回指定地点，不要吃完就走；使用一次性餐盒的用餐者，用完后要将废弃餐盒放到指定地点。其次，到食堂用餐的用餐者应相互尊重，用餐人多时，要排队按顺序购买食品，相互谦让，不要拥挤。

（二）进餐时要有正确的坐姿

不论是在食堂、餐馆还是在家中吃饭，都应保持良好的坐姿。

（三）用餐时不能乱吐残渣

进餐时，一般不能将进口的食物再吐出来，如有骨头、鱼刺、菜渣等需要处理时，不能乱吐，用餐者应将骨头等残渣放在食堂或餐馆提供的备用盘里。

（四）进餐时不能发出响声

无论是吃东西，还是喝汤或酒水饮料都要尽量做到不发出响声。进餐的良好习惯要从平时培养起，如果认为没有旁人在场可以无所谓，碰到社交场合也将很难控制自己进餐的行为习惯。

（五）进餐时不能狼吞虎咽

进餐要文雅，不能狼吞虎咽。特别是女士，每次进口的食物不宜过大，应小块、小口地吃，以食物进口后不会使自己嘴巴变形为原则。

（六）进餐时不要喝水

不要一口饭、一口水地用餐。这种习惯不仅对消化不好，影响身体健康，同时吃相也不好，给人狼吞虎咽的感觉。

（七）口中有食物时，勿张口说话

当口中有食物时，不要说话。含着食物说话，食物容易从口中喷出。如适值旁人问话，应等口中食物咽下去后再做回答。

> 一个人的礼貌，就是一面照出他的肖像的镜子。
> ——歌德

案例分析

食堂餐桌的"达芬奇密码"

每天中午,我们都要去学校的食堂就餐。食堂的餐桌上,凡是被用过的,几乎无一幸免地留着有人"到此一游"的印迹。丢弃的饮料瓶、用过的餐巾纸、啃了一半的玉米棒、汤水中游来游去的鱼骨头……其实,每个人都有餐盘,一切杂物都可以放在餐盘里带给餐具回收台,来时一片干净,走时干净一片。将干净的就餐环境接力下去,这对于每个学生来说,并不是做不到的事。终究还是习惯的养成问题。餐桌无言,但却泄露了信息:用餐者的文明意识,学校的文明教育,社会的文明程度。

第三节 西餐礼仪

任务目标

1. 了解西餐的宴请座次安排,做到礼敬于人。
2. 熟悉西餐宴请的餐具摆放、上菜次序,能熟练地使用西餐餐具。
3. 熟悉西餐宴请的程序和规范,熟练、得体地遵守宴会礼节。
4. 了解西餐的酒水配置,体现良好的综合素养。
5. 快乐享受自助餐。

西餐主要是对西方国家,即欧洲各国菜点的统称,西餐以法式、英式、美式、俄式为代表菜式。相对于中餐而言,西餐更讲究氛围,富于审美情趣。西餐有许多进餐规矩,餐桌怎样摆放,怎么装饰,餐具怎样摆放,怎样使用,怎样上菜,怎样撤盘等都有严格的规定。不懂西餐礼仪文化的人吃西餐一定会吃出许多啼笑皆非的笑话来。

案例分析

袁小姐是大四的学生,目前在一家外贸公司的财务部试用。日前,为替在武汉的外国客户庆祝"洋节",公司举办了大型的西式自助餐会,邀请了不少洋客户及公司的全体员工。

因为很少吃西餐,袁小姐在餐会上出了不少"洋相"。餐会一开始,袁小姐端起面前的盘子去取菜,之后却发现那是装食物残渣的盘子;为节省取食的路途,袁小姐从离自己最近的水果沙拉开始吃,而此时同事们都在吃冷菜,袁小姐只得开玩笑地说自

在宴席上最让人开胃的就是主人的礼节。
——莎士比亚

己"减肥";因为刀叉位置放得不正确,她面前还没吃完的菜就被服务员给收走……一顿饭吃下来,袁小姐浑身不自在。

一、西餐的座次安排

（一）一般场合座次安排

如果男女二人同去餐厅,男士应请女士坐在自己的右边,还得注意不可让她坐在人来人往的过道边。若只有一个靠墙的位置,应请女士就座,男士坐在她的对面。如果是两对夫妻就餐,夫人们应坐在靠墙的位置上,先生则坐在各自夫人的对面。如果是两位男士陪同一位女士进餐,女士应坐在两位男士的中间。如果两位同性进餐,那么靠墙的位置应让给其中的年长者。

（二）宴会座次安排

按照国际惯例,桌次的尊卑依距离主桌位置的远近而右尊左卑,桌次多时应摆上桌次牌。座位有尊卑,一般而言,背对门的位置是最低的,由主人自己坐,而面对门的位子则是上位,由最重要的客人坐。西方习俗是男女交叉安排,即使是夫妻也是如此。礼宾次序是排定座位的主要依据,同时也要考虑客人之间的关系,适当照顾一些特殊情况。译员一般坐在主宾的右侧。长型桌排列时,男女主人分坐两头,门边男主人,另一端女主人,男主人右手边是女主宾,女主人右手边是男主宾,其余依序排列。桌子是T形或门字形排列时,横排中央位置是男女主人位,身旁两边分别为男女主宾座位,其余依序排列女宾、男宾、女主人、男主宾、女宾。

（三）入座有讲究

西餐有个规矩,即每个人入座或离座,均应从坐椅的左侧进出。男士或服务生可帮女士拉开椅子协助入座。当椅子被拉开后,身体在几乎要碰到桌子的位置站直,领位者会把椅子推过来,腿稍弯碰到后面的椅子时,就可以坐下来了。用餐时,上臂和背部要靠到椅背,腹部和桌子保持约一个拳头的距离。两脚交叉的坐姿最好避免。

二、西餐的上菜次序及配餐酒水

（一）上菜次序

1. 头盘

也称为开胃品,一般有冷盘和热盘之分,常见的品种有鱼子酱、鹅肝酱、熏鲤鱼、鸡尾杯、奶油鸡酥盒和焗蜗牛等。

2. 汤

大致可分为清汤、奶油汤、蔬菜汤和冷汤4类。品种有牛尾清汤、各式奶油汤、海鲜

汤、美式蛤蜊汤、意式蔬菜汤、俄式罗宋汤和法式葱头汤等。

3. 副菜

通常水产类菜肴与蛋类、面包类、酥盒菜肴均称为副菜。西餐吃鱼类菜肴讲究使用专用的调味汁，有荷兰汁、酒店汁、白奶油汁、美国汁和水手鱼汁等。

4. 主菜

肉、禽类菜肴是主菜。其中最有代表性的是牛肉或牛排，肉类菜肴配用的调味汁主要有西班牙汁、浓烧汁精、蘑菇汁、白尼丝汁等。禽类菜肴的原料取自鸡、鸭、鹅，禽类菜肴最多的是鸡，可煮、可炸、可烤、可焗，主要的调味汁有咖喱汁、奶油汁等。

5. 蔬菜类菜肴

蔬菜类菜肴可以安排在肉类菜肴之后，也可以与肉类菜肴同时上桌。蔬菜类菜肴在西餐中称为沙拉。与主菜同时搭配的沙拉，称为生蔬菜沙拉，一般用生菜、番茄、黄瓜、芦笋等制作。还有一类是用鱼、肉、蛋类制作的，一般不加味汁。

6. 甜品

西餐的甜品是主菜后食用的，可以算作是第6道菜。从真正意义上讲，它包括所有主菜后的食物，如布丁、冰淇淋、奶酪、水果等。

7. 咖啡

饮咖啡一般要加糖和淡奶油。注意没有必要全部都点，点太多却吃不完反而失礼。稍有水准的餐厅都欢迎只点前菜的客人。前菜、主菜（鱼或肉择其一）加甜点是最恰当的组合。点菜并不是由前菜开始点，而是先选一样最想吃的主菜，再配上适合主菜的汤。

（二）配餐酒水

按西餐配餐的方式分类，酒水可分为餐前酒、佐餐酒、甜食酒、餐后甜酒、烈酒、啤酒、软饮料和混合饮料（包括鸡尾酒）8类。

在高级餐厅里，会有精于品酒的调酒师拿来酒单。对酒不太了解的人，最好告诉调酒师自己挑选的菜色、预算、喜爱的酒类口味，由调酒师帮忙挑选。一般情况下，上冷盘或海味杯时，要饮烈性酒，用烈性酒杯；上汤时，饮雪利（sherry）酒，用雪利酒杯；上海鲜时，饮冰镇白葡萄酒，用白葡萄酒杯；上副菜时，饮醒好的红葡萄酒，用红葡萄酒杯；上主菜时，饮香槟酒，用香槟酒杯；上甜点时，饮波特酒，用葡萄酒杯；上水果和奶酪时，一般不需上酒；上咖啡时，饮白兰地酒或利口酒，用白兰地酒杯和利口酒杯。

案例分析

> 一次，张某参加一个宴会，自助餐上就有鱼块，张某就取了不少鱼块，美美地享用起来。但吃着吃着，旁边的人全部端着盘子走开了，他们还用异样的眼光看着他。张某莫名其妙，不知道自己哪里不对。但他还是顾自吃着鱼，终于将盘中鱼块吃完，桌上留下了一小堆鱼骨和鱼刺。这次宴会后，张某觉得一些德国朋友似乎对他冷淡了不少，但没有发现其中的原因。第一学年结束，他去拜访教授，教授请他在家中用餐，餐桌上又有鱼，鱼炸得又香又脆，让他想起在中国老家母亲也是这样炸鱼给他吃，他很感动。他和教授一家一边喝着红酒，一边吃着鱼，相谈甚欢。但吃着吃着，教授和家人全都看着他，最后，教授的妻子站起身来，脸上有些不快地走开了。
>
> 张某不明白发生了什么，但还是把自己盘中的鱼吃完了。用完餐，教授看着他，十分生气地对他说："张某，你太不文雅了，希望你在德国多学一点礼仪。"张某当时就懵了，不知教授何出此言。张某追问自己哪里做错了，教授说，你吃鱼的时候，一边吃，一边吐骨头，这非常不礼貌。张某说他在中国，就是这样吃鱼的，难道还有吃鱼连骨头和鱼刺一起吞下去的？教授更加生气了。教授说，在德国用餐时，你把吃进嘴里的东西再吐出来，让人觉得非常不卫生，也缺乏最基本的礼貌。张某这才恍然大悟。后来，张某了解到德国人用餐时，如果是肉食，很少吐骨头、鱼刺。因为他们烹饪时，一般都会先行剔除骨头、鱼刺。如果用餐时吃到骨头和刺，他们也不会吐出来，而是嚼碎了吞下去。他们认为在餐桌上不从口腔中吐东西，是一种礼仪。而张某这样的吃鱼方法，把细如发丝的鱼刺不断地从口腔中吐出来，这对德国人来说，简直是一件不可思议的事情。

> 一个人的礼貌，就是一面照出他的肖像的镜子。
> ——歌德

三、西餐餐具的使用

（一）餐具的摆放

摆在中央的称为摆饰盘或称展示盘，餐巾置于装饰盘的上面或左侧。盘子右边依次摆刀、汤匙，左边摆叉子。可依用餐顺序：前菜、汤、料理、鱼料理、肉料理，视你所需而由外至内使用。玻璃杯摆右上角，最大的是装水用的高脚杯，次大的是用来喝红葡萄酒用的，而细长的玻璃杯为饮白葡萄酒所用，视情况也会摆上喝香槟或雪利酒所用的玻璃杯。面包盘和奶油刀置于左手边，装饰盘对面则放咖啡或吃点心所用的小汤匙和刀叉。

（二）餐具的使用顺序

吃西餐，必须注意餐桌上餐具的排列和置放位置，不可随意乱取乱拿。正规宴会上，每一道食物、菜肴即配一套相应的餐具（刀、叉、匙），并以上菜的先后顺序由外向内排列。进餐时，餐具是从外侧向里侧按顺序使用。

1. 刀叉持法

用刀时，应将刀柄的尾端置于手掌之中，以拇指抵住刀柄的一侧，食指按在刀柄上，但需注意食指绝不能触及刀背，其余3指则顺势弯曲，握住刀柄。叉如果不是与刀并用，叉齿应该向上。持叉应尽可能持住叉柄的末端，叉柄倚在中指上，中间则以无名指和小指为支撑，叉可以单独用于叉餐或取食，也可以用于取食某些头道菜和馅饼，还可以用来取食那种无须切割的主菜。

2. 刀叉的使用

右手持刀，左手持叉，先用叉子把食物按住，然后用刀切成小块，再用叉送入嘴内。欧洲人使用时不换手，即从切割到送食物入口均以左手持叉。美国人则切割后，将刀放下换右手持叉送食入口。刀叉并用时，持叉姿势与持刀相似，但叉齿应该向下。通常刀叉并用是在取食主菜的时候，但若无须刀切割时，则可用叉切割，这两种方法都是正确的。

3. 刀叉使用礼仪

① 西餐进餐一般以右手拿刀，左手拿叉。如果用左手拿叉不方便，也可以使用右手。

② 用餐时，应先取左右两侧最外边的一套刀叉。每吃完一道菜，将刀叉合拢并排置于碟中，表示此道菜已用完，服务员便会主动上前撤去这套餐具。如尚未用完或暂时有事而离席时，应将刀叉呈八字形左右分架或交叉摆在餐碟上，刀刃向内，意思是告诉服务员，我还没吃完，请不要把餐具拿走。

③ 使用刀叉时，尽量不使其碰撞，以免发出大的声音，更不可挥动刀叉与别人讲话。

案例分析

李经理在一家高档西餐厅用餐。用餐进行到一半时，手机响了。为了接听电话，他匆忙放下刀叉就离开餐桌。等打完电话，准备回来继续用餐时，发现他的餐具已经被服务员收走了。临时离桌，刀叉应呈八字形分开架在碟上，刀刃向内，这表示用餐尚未完毕，一会儿回来要继续用餐，服务员便不会收走餐具。李经理匆忙放下刀叉就往外赶，由于没考虑清楚刀叉的摆放礼仪，让服务员误以为他已经吃完而把餐具收走了。

用餐尚未结束	已经用完

在宴席上最让人开胃的就是主人的礼节。
——莎士比亚

4. 净手钵的使用

吃西餐应特别注意净手钵的使用，弄不好会闹出笑话。凡是上一道用手取的食品，如鸡、龙虾、水果等，通常会同时送上一个净手钵（铜盆、水晶玻璃缸、瓷碗），水上漂有玫瑰花瓣或柠檬片，但它不是饮料，而是西餐讲究的洗指碗，置于左上方，把手浸入水中，轻轻洗一下（沾湿双手拇指、食指和中指），然后用餐巾擦干净。

5. 匙的使用

持匙用右手，持法同持叉，但手指务必持在匙柄之端，除喝汤外，不用匙取食其他食物。

6. 餐巾用法

点完菜后，在前菜送来前的这段时间把餐巾打开，大餐巾往内折1/3，让2/3平铺在腿上，盖住膝盖以上的双腿部分。小餐巾可伸开直接铺在腿上。注意不可将餐巾挂在胸前（但在空间不大的地方，如飞机上可以如此）。拭嘴时需用餐巾的上端，并用其内侧来擦嘴，绝不可用来擦脸部或擦刀叉、碗碟等。有时暂时离座，餐巾应放在椅子上面而不是桌子上。如果放在桌子上就意味着不想再吃了。

案例分析

老张的儿子留学归国，还带了个洋媳妇回来。为了讨好公公，这位洋媳妇一回国就张罗着请老张一家到当地最好的四星级饭店吃西餐。用餐开始了，老张为在洋媳妇面前显示出自己也很讲究，就用桌上一块"很精致的布"仔细地擦了自己的刀、叉。吃的时候，学着他们的样子使用刀叉，既费劲又辛苦，但他觉得自己挺得体的，总算没丢脸。用餐快结束时，吃饭时喝惯了汤的老张从精致小盆里盛了几勺"汤"放到自己碗里，然后喝下。洋媳妇先一愣，紧跟着也盛着喝了，而他的儿子早已是满脸通红。

原来老张闹了两个笑话，一个是他用"很精致的布"（餐巾）擦餐具，那只是用来擦嘴或手的，不能用来擦脸或是餐具，用餐巾来擦餐具是很不礼貌的；二是"精致小盆里的汤"是洗手的，而不是喝的。西餐里的汤是在主菜之前上，而案例中在用餐快结束时上的"汤"，是洗手水。老张虽然已经很注意学洋媳妇的样来吃西餐，但他并不了解西餐文化和礼仪，所以才闹出了笑话。随着我们对外交往的越来越频繁，只有掌握一些西餐礼仪，在必要的场合，才不至于像老张一样"出意外"。

四、西餐礼仪

西餐讲究比较多，下面简单介绍几个必须注意的问题。

（一）用餐方式

在欧洲，人们用餐时，双手都必须始终保持在桌面以上。欧洲式用餐方式，是指餐叉一直握在左手中。美国人的用餐方式，一般为左手握餐叉，右手握刀切肉，切好以后餐叉

——一个人的礼貌，就是一面照出他的肖像的镜子。

——歌德

则会转移到右手中，用右手握餐叉取食。一般来说，这两种方式都是可以接受的。

（二）用餐礼仪

① 取菜。不要盛得过多。盘中食物吃完后，如不够，可以再取。如由服务员分菜，需增添时，待服务员送上时再取。如果是自己不能吃或不爱吃的菜肴，当服务员上菜或主人夹菜时，不要拒绝，可取少量放在盘内，并表示感谢。对不合口味的菜，勿显露出难堪的表情。

② 吃相。吃东西要文雅。闭嘴咀嚼，喝汤不要囔，吃东西不要发出声音。如汤、菜太热，可待稍凉后再吃，切勿用嘴吹。嘴内的鱼刺、骨头不要直接外吐，用餐巾掩嘴，用手取出，或轻轻吐在叉上，放在菜盘内。吃剩的菜或用过的餐具牙签，都应放在盘内，勿置桌上。嘴内有食物时，切勿说话。

③ 喝茶（或咖啡）。喝茶、喝咖啡，如愿加牛奶、白糖，可自取加入杯中，用小汤匙搅拌后，小汤匙仍放回小碟内，通常牛奶、白糖均用单独器皿盛放。喝时右手拿杯把，左手端小碟。

④ 水果。吃梨、苹果，不要整个拿着咬，应先用水果刀切成4瓣或6瓣，再用刀去皮、核，然后用手拿着吃，削皮时刀口朝内，从外往里削。香蕉先剥皮，用刀切成小块吃；橙子用刀切成块吃；橘子、荔枝、龙眼等则可剥了皮吃。对于西瓜、菠萝等水果，通常都去皮切块，吃时可用水果刀切成小块后用叉取食。

宴请中途离席注意事项：一般酒会和茶会的时间很长，大约都在2小时以上，若客人确实有事需提前退席，一定要向主人说明、致歉后悄悄离去；也可事前打招呼，届时离席；与主人打过招呼后，应立即离开，千万不要和宴席中的一一告别，只要悄悄地和身边的两三个人打个招呼，然后离去即可。

五、自助餐礼仪

所谓自助餐礼仪，主要是指以就餐者的身份参加自助餐时，所需要遵循的礼仪规范。它主要涉及以下8个方面。

（一）排队取菜

在就餐取菜时，由于用餐者往往成群结队而来的缘故，大家都必须自觉地维护公共秩序，讲究先来后到，排队选用食物。不允许乱挤、乱抢、乱加塞。在取菜之前，先要准备好一只食盘。轮到自己取菜时，应用公用的餐具将食物装入自己的食盘之内，然后迅速离去，勿在众多的食物面前犹豫再三，让身后人久等；更不应该在取菜时挑挑拣拣，甚至直接下手或以自己的餐具取菜。

（二）循序取菜

在自助餐上，如果想要吃饱吃好，那么在具体取用菜肴时，就一定要首先了解合理的取菜顺序。按照常识，参加一般的自助餐时，取菜的先后顺序应当是：冷菜、汤、热菜、

点心、甜品和水果。因此，在取菜之前，最好先在全场转上一圈，了解一下情况，然后再去取菜。

（三）量力而行

在根据本人的口味选取食物时，必须量力而行。切勿为了吃得过瘾，而将食物狂取一通，结果导致食物浪费。

（四）多次取菜

用餐者在自助餐上选取同一种类的菜肴，允许其反复去取。每次应当只取一小点，待品尝之后，觉得它适合自己的口味，就再次去取，直至自己感到吃好了为止。这样做也是为了避免造成浪费。

（五）避免外带

所有的自助餐，不论是以之待客的由主人亲自操办的自助餐，还是对外营业的正式餐馆里所经营的自助餐，都有一条不成文的规定，即只许可就餐者在用餐现场里自行享用，而绝对不许可就餐者在用餐完毕之后将餐厅的食物携带回家。

（六）送回餐具

在自助餐上，既然强调的是用餐者以自助为主，那么用餐者在就餐的整个过程中，就必须将这一点牢记在心，并且认真付诸行动。在自助餐上强调自助，不但要求就餐者取用菜肴时以自助为主，而且还要求其在用餐结束之后，自觉地将餐具送至指定之处。

（七）照顾他人

在参加自助餐时，除了对自己用餐的举止表现要严加约束之外，还须与他人和睦相处，多加照顾。在用餐的过程中，对于其他不相识的用餐者，应当以礼相待。在排队、取菜、寻位以及行进期间，对于其他用餐者要主动加以谦让，不要目中无人，蛮横无礼。

（八）积极交际

一般来说，参加自助餐时必须明确，吃东西往往属于次要之事，而与其他人进行适当的交际活动才是自己最重要的任务。在参加由商界单位所主办的自助餐时，情况就更是如此。所以，不应当以不善交际为由，只顾自己埋头大吃，或者来了就吃，吃了就走，而不同其他在场者进行任何形式的正面接触。在参加自助餐时，一定要主动寻找机会，积极地进行交际活动。首先，应当找机会与主人攀谈一番；其次，应当与老朋友好好叙一叙；最后，还应当争取多结识几位新朋友。在自助餐上，交际的主要形式是几个人聚在一起进行交谈。为了扩大自己的交际面，在此期间不妨多转换几个类似的交际圈。但在每个交际圈都多少总要待上一会儿，不能只待上一两分钟马上就走，好似蜻蜓点水一般。介入陌生的交际圈大体上有3种方法：请求主人或圈内之人引见；寻找机会，借机加入；开门见山，毛遂自荐。

> 一个人的礼貌，就是一面照出他的肖像的镜子。
> ——歌德

现代礼仪

案例分析

周瑾小姐有一次代表本公司去出席一家外国商社的周年庆典活动。正式的庆典活动结束后，那家外国商社为全体来宾安排了一顿内容十分丰盛的自助餐。尽管在此之前周小姐并未用过正规的自助餐，但是她在用餐开始之后发现其他用餐者的表现非常随便，便也就"照葫芦画瓢"，像别人一样放松自己了。让周小姐开心的是，她在餐台上排队取菜时，竟然见到自己平日最爱吃的北极甜虾。于是，她毫不客气地替自己满满地盛上了一大盘。当时她的主要想法是：这东西虽然好吃，可也不便再三再四地来装，否则旁人就会嘲笑自己没过什么世面了。再说，它这么好吃，这回不多盛一些，保不准一会儿就没有了。所以"让我一次爱个够"得了。然而令周小姐脸红的是，她端着盛满了北极甜虾的盘子从餐台边上离去时，周围的人居然个个都用异样的眼神盯着她。有一位同伴还用鄙夷的语气小声说道："真给中国人丢脸呀！"事后一经打听，周小姐才知道，自己当时的所作所为，是有违于自助餐礼仪的。在自助餐上为自己自取菜肴时，应当循序渐进，每次只取一点点。吃完之后，允许一而再、再而三地去取用。可是，若为图一劳永逸，不管三七二十一大装特装一通，看在明眼人眼里，就如同一个"饿死鬼"打劫一样了。

实训环节

1. 对照本章所介绍的礼仪知识，寻找我们身边不文明的用餐现象，并给出改正建议。
2. 为我校餐厅设计文明用餐宣传语，倡议我们的同学做到文明用餐。

微课天地

觥筹交错齿留香

> 在宴席上最让人开胃的就是主人的礼节。
> ——莎士比亚

第八章

锦绣商场任君游

> 礼貌周全不花钱,却比什么都值钱。
> ——塞万提斯

引导案例

时间观念反映着一个人的工作态度和生活态度。柳传志以"自律"在业界享有盛名。他就是以"管理自己"的方式"感召他人"。守信首先表现在他的守时上,柳传志本人在守时方面的表现让人惊叹。作为著名的企业家,柳传志出席过的大小会议多得数不清,但他开了20多年的会,迟到的次数不超过5次。有一次他到中国人民大学去演讲,为了不迟到,他特意早到半个小时,在会场外坐在车里等待,开会前10分钟从车里出来,到会场的时间一分不差。2007年上半年,温州商界邀请柳传志前往"交流"。当时,由于暴雨侵袭温州,柳传志搭乘的飞机迫降在上海,工作人员建议第二天早晨再乘机飞往温州,柳传志不同意,担心第二天飞机再延误无法准时参会,叫人找来"公务车"连夜赶路,终于在第二天早6点左右赶到了温州。当柳传志红着眼睛出现在会场,温州的那位知名企业家激动得热泪盈眶。

随着市场经济的深入发展,各种商务活动日趋繁多,商务礼仪的重要性也体现在职场中。因此,必须时时刻刻注意维护自身形象,掌握涉外礼仪知识,懂得礼仪规范,用以打开国际合作之门。在商务活动中,商务礼仪起着重要的润滑和促进作用。要卓有成效地开展商务活动,必须掌握涉外礼仪知识,遵循礼仪规范,注重规避不合礼仪的言行。娴熟的谈话技巧、适度的礼仪馈赠,有助于商务活动取得成功。

随着经济全球化的发展,商业竞争日趋激烈,要想在竞争中取胜,除了能力卓越外,还要掌握有效沟通的技巧及维护和谐的人际关系,而更重要的是拥有良好优雅的专业形象和卓越的商务礼仪。随着中国加入世贸组织,人们日益明白:只有重视商务礼仪,才能巩固国际商务关系。

心理学家指出,我们在别人心目中的印象,一般在第一次见面的最初15秒内形成。

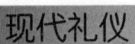

别人依据我们的衣着打扮、谈吐与行为来构成第一印象，然后推断我们的性格。要改变恶劣的第一印象并不容易，因此商务人士必须在客户面前建立一个良好的第一印象，才能合作顺利。

时下年轻的毕业生在求职时竞争非常激烈，要突围而出，开启成功之门，就得掌握良好的面试礼仪。此外，很多雇主在招聘新人时，除了考虑学历外，还很看重人际沟通能力，因此，我们学习商务礼仪是十分必要的。

第一节　商务拜访和商务接待礼仪

任务目标

1．明确商务性拜访与接待礼仪的规范与要求。

2．熟悉运用拜访与接待的知识与技能，创造性地分析和解决交往活动中的实际礼仪问题。

3．了解商务礼仪的3个基本理念，以便在商务活动中游刃有余。

一、商务礼仪的概念及其重要性

商务礼仪是人们在商务活动中，用以维护企业形象或个人形象，对交往对象表示尊重和友好的行为规范和惯例。简单地说，就是人们在商务场合适用的礼仪规范和交往艺术。它是一般礼仪在商务活动中的运用和体现。和一般的人际交往礼仪相比，商务礼仪有很强的规范性和可操作性，并且和商务组织的经济效益密切相关。

随着经济全球化的发展，商务礼仪越来越受到人们的重视。商务礼仪已经成为现代商务活动中必不可少的交流工具，越来越多的企业都把商务礼仪作为员工入职培训课程。据统计，日本每年要花费约数亿美元为其员工进行商务礼仪培训。

对于现代企业来说，学习商务礼仪，普及商务礼仪，已成了现代企业提高美誉度、提升核心竞争力的重要手段。这不仅顺应潮流，更是形势所需。

案例分析

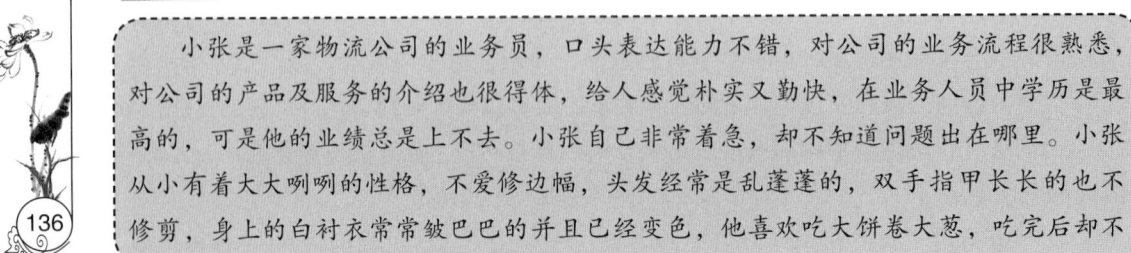

小张是一家物流公司的业务员，口头表达能力不错，对公司的业务流程很熟悉，对公司的产品及服务的介绍也很得体，给人感觉朴实又勤快，在业务人员中学历是最高的，可是他的业绩总是上不去。小张自己非常着急，却不知道问题出在哪里。小张从小有着大大咧咧的性格，不爱修边幅，头发经常是乱蓬蓬的，双手指甲长长的也不修剪，身上的白衬衣常常皱巴巴的并且已经变色，他喜欢吃大饼卷大葱，吃完后却不

第八章 锦绣商场任君游

知道去除异味。小张的大大咧咧能被生活中的朋友所包容，但在工作中常常过不了与客户接洽的第一关。其实小张的这种形象在与客户接触的第一时间已经给人留下不好的印象，让人觉得他是一个对工作不认真、没有责任感的人，通常很难有机会和客户作进一步的交往，更不用说成功地承接业务了。

小张在日常工作中的表现是不符合商务礼仪规范的。在商务交往中，我们的仪容仪表是很重要的。头发的修饰是基本的仪容修饰。所以头发应该定期修剪和清洗。长指甲容易给人以不卫生的印象。衬衣则应挺括、整洁、无褶皱。嘴巴有异味也是很不礼貌的，在应酬前应忌食蒜、葱、韭菜等含有异味的食物。小张的形象给人不负责任之感，是失败的社交事件。因此，遵守商业礼仪规范在商务交往中是非常必要的。

> 礼貌周全不花钱，却比什么都值钱。
> ——塞万提斯

二、商务礼仪需要注重的3个基本理念

（一）以尊重为本

孟子说："恭敬之心，礼也。"尊敬是礼仪情感的基础。在社会交往中，人与人是平等的，尊敬、关心交往对象，是获得对方尊敬的有效方式。"敬人者人恒敬之，爱人者人恒爱之。"尊敬是相互的，你尊敬了别人，别人当然能理解你的良苦用心，接受你的善意，继而"投之以桃，报之以李"。礼者敬人也，礼最重要的要求就是尊重。在商务活动中，尊重上级是一种职责，尊重同事是一种本分，尊重下级是一种美德，尊重客人是一种常识，尊重对手是一种风度，尊重所有人是一种教养。我们强调礼仪，学习礼仪，在商务活动中讲究礼仪，最重要的就是要尊重他人。

案例分析

互相尊重是最基本的礼仪

一位外国教授正在给一群留学生上礼仪课，由于学生来自不同的国家，所以大家听得都很认真。"礼仪就是从细小的地方开始做起。比如说我刚才走进教室的时候，轻轻地敲了门。"教授说道。教授告诉他的学生"敲门是有讲究的：敲第一声，代表试探；敲第二声，代表等待对方应答；敲第三声，代表询问。而在现实生活中，有八成以上的人却不知道如何敲门"。接着，教授在课堂上做了一次互动，一个学生扮演餐厅的服务员，送外卖到教授家。"服务员"咚咚咚敲了3下门，进门后把外卖轻轻地放在桌子上。教授当场指出了"服务员"的问题：敲门声太重，没有表明自己的身份；也没自带一次性鞋套套住鞋子，弄脏了主人家的地板。于是，那名学生按照教授的指点又表演了一次。可完成后，那名学生仍站在讲台上看着教授。教授提醒他可以回到座位上去了。这时，他认真地对教授说："老师，如果有人给我送外卖，我不会让他换

鞋，我宁可自己再拖一次地板，因为那样会伤害那个人的自尊心。还有，对方离开的时候，我会真诚地对他说一声谢谢。"教授愣了一会儿，继而真诚地说了一句："你说得对，谢谢你。"这时讲台下响起了热烈的掌声。

人与人之间是平等的，需要相互尊重。在与人交往的过程中，不要一味地要求对方怎么样，而应该退一步想一想自己为对方做了什么。尊重对方就应该体现在你的一举一动中，哪怕一句话，只要是诚挚的，也就是最人性的。

（二）要善于表达

当我们作为商务活动的参与者和本企业以外的人打交道时，一定要恰到好处地把自己的尊重和友善表达出来，以此来体现个人的素质和企业的形象。这就要求我们善于通过语言、着装、形体动作等向商务伙伴传递个人和企业的有效信息。如果在参与商务活动时不善于表达，或者是不懂得如何表达，那就会影响当事人之间的有效沟通，从而影响商务活动的效果。

（三）行为规范

企业制定的系列规章制度不仅仅体现在纸上，更重要的是将其内化为员工的行为习惯，在平时的一言一行中表现出来。企业的经营理念、企业文化、企业整体素质在商务活动中的体现是以制度来治理企业，具体而言就是同样的事情因为有了规范，甲、乙、丙、丁任何一个人来做都是同样的结果，企业的经营管理活动是标准化、规范化的。因此企业员工在参与商务活动时讲不讲规范，体现的是员工个人的素质问题，懂不懂得规范体现了员工的教养和修养问题，更为重要的是它体现了企业的整体素质与形象。因而，作为企业商务活动的参与者，在对内、对外的商务活动中都要以企业制定的规范来要求自己的行为。

三、商务拜访礼仪

商务拜访是指亲自或派人到有商务往来的客户单位或相应的场所去拜见、访问某人或某单位的活动。它是有组织的日常的商务交往活动。商务拜访需要注意如下礼仪规范。

（一）守时：商务礼仪的基本要求

守时就是遵守承诺，按时到达要去的地方，没有例外，没有借口，没有理由，任何时候都得做到。如果你因为特殊原因不得不失约，那就应该提前打电话通知对方，向对方表示你的歉意。这不是一件小事，它体现了你的素质和做人的态度。这里不是要告诉你守时这条原则的重要程度，是要告诉你一些它如此重要的原因。如果你对别人的时间不表示尊重，你也不能期望别人会尊重你的时间。一旦你不守时，你就会失去影响力或道德的力量。守时的人会赢得职员、助手、货商、顾客等的好感。借用卡耐基的一句话：如果你想结交朋友和有影响力的人就要准时。

第八章 锦绣商场任君游

现在有很多人没有时间观念，上班迟到、无法如期交件等，这些都是没有时间观念导致的后果。时间就是成本，在还未进入社会的时候就养成时间成本的观念，将会有助于你日后的晋升和工作效率的提高。若是想要在企业中生存下去，首先必须守时，做一名好的员工，就要时刻记得遵守时间，不要迟到。上班守时很重要，迟到是不能得到谅解的行为，因为这表示你对工作不够重视。一些年轻人刚到公司的时候，对公司的规章制度看得较轻，工作上虽十分卖力，但迟到早退却往往是纪律严明的公司所不能容忍的，因为他们认为守时是最基本，也是最重要的品质。假如和人约好了时间却未能准时到达，那老板对你的印象不只是大打折扣，而是立刻一落千丈。常常迟到、早退，或是事先毫无告知便突然请假，既会让事情变得杂乱无章，又会妨碍全体成员的工作进度。这样的人是无法为他人所信赖的，更无法让老板信任。

> 礼貌周全不花钱，却比什么都值钱。
> ——塞万提斯

小资料：不同国家地区对"准时"的态度

关于"准时"，不同国家、不同地区都会有不同的态度，必须搞清楚。无论准备去哪里拜访，都应该事先了解一下当地人的时间观念，根据不同观念的拜访者，确定拜访的准确到达时间。

① 对"准时"极为看重的国家。所有的北欧国家（斯堪的纳维亚诸国、德国、瑞士、比利时等）。拜访来自上述这些国家的人们，应该恰好按照约定的时间到达，无论迟到或早到都会被认为失礼。

② 对"准时"采取赞赏和期待态度的国家。加拿大、澳大利亚、英国、法国和美国。如果你被来自上述国家的人们邀请做客喝鸡尾酒，假如通知你的时间是7点整，那么你就应该明白，你应该在7：15到达，当然不能在此之前，也不能迟到太多。

③ 对"准时"持宽松态度的国家。绝大多数拉丁美洲国家和许多亚洲国家。在那里你尽管可以把手表抛在一边！如果你被邀请7点钟到某人的家里喝鸡尾酒，你就不应该在7点到，因为如果你7点到，很可能邀请你做客的主人正在冲澡呢。事实上，即使你8点到，也不会令人感到惊讶。更何况，这可能还会被认为略微早了些。我们对此最好的解释正如一位拉丁美洲的生意人所说的："你们为什么要生活在精确计量的时间里呢？"

（二）拜访前的准备工作

1. 确定拜访目的

针对商务活动的不同阶段，拜访者的每一次拜访都应该有一个清晰的、能通过一次拜访实现的目标。这样每次拜访结束后都会有成就感，和商务伙伴的密切程度也能稳步提升，随着各个小目标的实现，商务活动整体目标的实现也就成为水到渠成的事了。

2. 了解有价值的客户信息

说到客户信息，一般人马上想到的就是客户的公司名称、所属行业、发展规模、市场行情等。但是这些客户的基本信息，竞争对手同样知道，没有任何价值。对商务活动最有

帮助的信息不是这些，而是被一般人忽视的或不容易收集到的，如客户引以为荣的事件、获得过的荣誉、购买产品的动机、深层次的顾虑等。利用这些信息不仅更容易获得客户的好感，而且能够引起客户对自己的重视，为业务的进一步拓展做好铺垫。

3. 准备好资料和辅助工具

随时准备应对客户的所有问题。为了达到每次拜访的目的，在每次拜访前，都要将本次拜访所需要的资料及辅助工具精心准备完备。对一些客户关心的问题，拜访者必须对答如流，只有这样才能彰显拜访者的专业水准，才能赢得客户的充分信任。只有经过充分的准备，对于客户提到的问题，才能从容应对，给客户留下良好的印象。

4. 根据拜访计划安排拜访时间

在拜访客户时往往会出现这样的情况：在还没有涉及主要问题时客户已失去耐心或当客户谈兴正浓时却到了下班时间。拜访前的准备工作不到位是导致出现这两种情况的主要原因。因而在客户拜访准备工作中，拜访者要根据拜访目的、拜访计划、客户可能留给自己的时间合理安排拜访进程。先说什么，后说什么，每个内容用几分钟时间都应该有所准备，这样在每次拜访的时间利用上可以把握得恰到好处，避免了拜访中不必要的麻烦。

另外，对于一些重要的商务拜访活动，可以在准备时与同事进行拜访客户的演练，针对拜访活动中可能出现的情况进行实战演习，以便在真正的拜访活动中能够顺利完成任务。

（三）商务拜访中的注意事项

① 拜访应选择适当的时间，如果双方有约，应准时赴约。万一因故不得不迟到或取消访问，应立即通知对方。

② 到达拜访地点后，如果与接待者是第一次见面，应主动递上名片或做自我介绍。对熟人可握手问候。

③ 如果接待者因故不能马上接待，应安静地等候，有抽烟习惯的人，要注意观察该场所是否有禁止吸烟的警示。如果等待时间过久，可向有关人员说明，并另定时间，不要显现出不耐烦。

④ 与接待者的意见相左时不要争论不休。对接待者提供的帮助要致以谢意，但不要过分。

⑤ 谈话时开门见山，不要海阔天空，浪费时间。

⑥ 要注意观察接待者的举止表情，适可而止。当接待者有不耐烦或有为难的表情时，应转换话题或口气；当接待者有结束会见的表示时，应立即起身告辞。

四、商务接待礼仪

迎来送往，是商务接待活动中的重要环节，是主人表达情谊、体现礼貌素养的重要方式。尤其是接待工作做得好，就能给客人留下良好的第一印象，从而为下一步的深入接触打下基础。

第八章　锦绣商场任君游

（一）接待前的准备

为了表现良好的礼仪及风度，在迎接宾客到来之前，需有充分的计划及准备。

1. 了解情况

接待客人前，需要了解如下情况：对前来访问、洽谈业务、参加会议的外国、外地客人来访的目的，来访客人的性别比例，来访客人的职务级别及来访者的人数，对方到达的车次、航班等。以便安排与客人身份、职务相当的人员前去迎接。若因某种原因，相应身份的主人不能前往，前去迎接的主人应向客人作出礼貌的解释。

2. 掌握时间

作为接待者，事先一定要弄清并记住客人来访的具体日期和时间，以便进行日程的安排。日程的安排，要求详细、具体，并且考虑对方的愿望、风俗习惯、宗教信仰。日程安排一经确定，应制成表格打印后分发给来宾。如果来宾中有外籍人氏，日程安排表还应译成来宾熟练掌握的语种。

> 礼貌周全不花钱，却比什么都值钱。
> ——塞万提斯

案例分析

A：某公司要召开一个信息交流会，让小黄负责接待。小黄到火车站举个牌子，半天也没接到人，他沮丧地回到公司。刚刚坐下，电话就响了，是几位刚下火车的代表，因为火车晚点了30分钟。小黄没好气儿地说："我已经等你们半天了，你们自己打的来吧！"说完就挂上了电话。

B：秘书小李到机场去接待他们公司的合作伙伴张经理。到机场后，小李细心地举着牌子，这样可以让张经理一下子看到自己。当和张经理见面时，小李主动地自我介绍，并主动和张经理握手，始终和张经理保持一定的距离。到公司时，小李在张经理右前方约1.5米处引领张经理。到接待室时，小李主动地沏了张经理爱喝的茶。当张经理和他的主管谈判完时，小李起身相送，并等张经理的车子消失在视野中，才离开。

小黄的做法违背了接待礼仪的要求。客人没有按时到达，他不仅没有与客人联系，了解事情真相，反而独自离开车站回去了。当客人打来电话说明是因为火车晚点才晚到时，他没有丝毫的内疚之情，也不马上再去迎接，而是怒气冲冲地要客人自己打的过来。这种工作态度和作风是十分错误的。

小李应该算是一位合格的秘书，接待流程符合礼仪规范。

3. 确定接待规格

接待规格的高低表现在安排活动的多少、场面规模的大小、招待的档次高低、迎送陪同人员职务的高低等方面。一般来说有3种接待：一是高格接待，即接待人员比来访人员身份高的接待；二是对等接待，即接待人员与来访人员身份相符的接待，这是接待工作中最常见的；三是低格接待，即接待人员比来访人员身份低的接待。具体是确定哪种接待，要根据来宾的情况和接待方的情况来确定。

4. 交通食宿准备

迎接客人，主人应提前为客人准备好交通工具，要事先与有关交通部门联系好，核实客人的班机或车次的抵达时间，安排好迎送车辆，订好客人下榻的客房及膳食。不要等客人到了才匆匆忙忙准备交通工具和食宿，那样会因让客人久等而误事。如对所接宾客不熟悉，又无己方陪同人员同机（车）到达，则要准备好接站牌，并且要提前抵达迎接地。对身份比较高的外宾应准备好鲜花。

（二）接待室布置礼仪

整齐干净的环境会让客人感觉舒适。因此，接待室内的清洁、照明、温度及室内的陈设、座次的安排等都应该遵循布置的礼仪。

1. 光线与色彩

在白天，接待室的光照应以自然光源为主，如使用人造光源，最宜使用顶灯、壁灯。灯光色彩和装饰、陈设色彩，最多不能超过3种。主色调的上佳之选是乳白、淡蓝、浅绿色。灯光一定要充足，所有的灯都要能亮，客人最忌讳主人家装了不亮的灯，认为是触霉头。

2. 温度与湿度

温度是指室内空调的温度应配合季节及气候调整，让客人感觉舒适。一般来说室内温度以22℃左右为最佳；相对湿度为50%左右时，最为适宜。

3. 安静与卫生

接待达到安静的基本措施有：铺放地毯，窗户上安装双层玻璃，桌上、茶几上摆放茶杯垫子，此外，尽可能避免使用噪音大的电器。

4. 室内陈设

室内陈设的原则是：务求实用，以少为佳，完整无缺。

（三）待客礼仪

庄重的招待仪态及温和的说话语气，都是一种对来宾敬意的表达。

1. 引导

接待人员带领客人到达目的地，应该有正确的引导方法和引导姿势。

① 在走廊的引导方法。接待人员在客人两三步之前，配合步调，让客人走在内侧。

② 在楼梯的引导方法。当引导客人上楼时，应该让客人走在前面，接待人员走在后面；若是下楼时，应该由接待人员走在前面，客人在后面，上下楼梯时，接待人员应该注意客人的安全。

③ 在电梯的引导方法。引导客人乘坐电梯时，接待人员先进入电梯，等客人进入后关闭电梯门，到达时，接待人员按"开"的钮，让客人先走出电梯。

④ 客厅里的引导方法。当客人走入客厅，接待人员用手指示，请客人坐下，看到客人坐下后，才能行点头礼后离开。如客人错坐下座，应请客人改坐上座（一般靠近门的一方为下座）。

2. 入室

陪客者应走在客人的左边，或走在主陪人员和客人的身后，到达会客室门口时应打开门，让客人先进。在会客室内把最佳位置让给客人，同时，还要按照介绍的礼仪把客人介绍给在场的有关人员。

3. 敬烟

为客人准备香烟，客人入室后，应主动向客人敬烟。需要注意的是，如果客人不吸烟则不可勉强。

4. 奉茶

客人来访时，最基本的礼节除了请客人入座外，接着应马上奉茶。奉茶前茶壶、茶杯要干净，用什么茶叶应事先征求客人意见。倒茶讲究"茶七酒八"的规矩，不要倒得太满，以七分满为宜，水温不宜太烫，以免客人不小心被烫伤了。敬茶时先客后主，如客人较多，应按级别或长幼上茶。上茶时应向在座的说声"对不起！"，再以右手端茶，从客人右方奉上，面带微笑，眼睛注视对方并说："这是您的茶，请慢用！"如有附带点心招待的话，就应先将点心端出，然后再奉茶。

第二节 商务谈判礼仪

任务目标

1. 熟悉商务谈判的座次安排，做到胸有成竹。
2. 保持商务谈判应有的礼仪，尊重谈判对手。
3. 正确选择谈判地点，力求合作成功。

我们经常因为工作需要而代表自己所在的单位、部门与其他部门、单位、行业的人士进行接洽商谈，并就某些问题达成协议。这种比较正规的工作性洽商，即可称为谈判。谈判并非人与人之间的一般性交谈，而是有备而至，方针既定，目标明确，技巧性与策略性极强。虽然谈判讲究的是理智、利益、技巧和策略，但这并不意味着它绝对排斥人的思想、情感。在任何谈判中，礼仪一向都颇受重视的根本原因是，在谈判中以礼待人，不仅体现着自身的教养与素质，而且会对谈判对手的思想、情感产生一定程度的影响。

一般而言，谈判礼仪重点涉及谈判地点、谈判座次、谈判表现、签字仪式等具体方面。

一、谈判的地点

在正式谈判中，具体谈判地点的确定很有讲究。它不仅涉及礼仪的应用问题，而且直接关系到谈判的最终结果。具体而言，它又与谈判的分类、操作的细则两个问题有关。

> 礼貌周全不花钱，却比什么都值钱。
> ——塞万提斯

（一）谈判分类

假如按照谈判地点的不同来进行划分，则谈判可分为以下4类。

1. 主座谈判

所谓主座谈判，指的是在东道主单位所在地举行的谈判。通常认为，此种谈判往往使东道主一方拥有较大的主动性。

2. 客座谈判

所谓客座谈判，指的是在谈判对象单位所在地举行的谈判。一般来说，这种谈判显然会使谈判对象占尽地主之利。

3. 主客座谈判

所谓主客座谈判，指的是在谈判双方单位所在地轮流举行的谈判。这种谈判，对谈判双方都比较公正。

4. 第三地谈判

所谓第三地谈判，指的是谈判在不属于谈判双方单位所在地之外的第三地点进行。这种谈判，较主客座谈判更为公平，更少干扰。

显而易见，上述4类谈判对谈判双方的利与弊往往不尽相同，因此各方均会主动争取有利于己方的选择。

（二）操作细则

对参加谈判的每一方来说，确定谈判的具体地点均事关重大。从礼仪上来讲，具体确定谈判地点时，有两个方面的问题必须为有关各方所重视。

1. 商定谈判地点

在谈论、选择谈判地点时，既不应该对对手听之任之，也不应当固执己见。正确的做法是，应由各方各抒己见，最后协商确定。

2. 做好现场布置

在谈判前，身为东道主的一方应按照分工，自觉地做好谈判现场的布置工作，以尽地主之责。

二、谈判的座次

举行正式谈判时，对有关各方在谈判现场具体就座的位次安排是非常讲究的，牵涉的礼仪规范很多。正式谈判的座次安排，首先要区分是双边谈判还是多边谈判。

（一）双边谈判

双边谈判，指的是由两个方面的人士所举行的谈判。在一般性的谈判中，双边谈判最为多见。双边谈判的座次排列，主要有两种形式。

1. 横桌式

横桌式座次排列是指谈判桌在谈判室内横放，客方人员面门而坐，主方人员背门而坐。除双方主谈者居中就座外，其他人士则应依其具体身份的高低，各自先右后左、自高

而低地分别在己方一侧就座。双方主谈者右侧的第一个，在国内谈判中可坐副手，而在涉外谈判中则应由译员就座。

2. 竖桌式

竖桌式座次排列是指谈判桌在谈判室内竖放。具体排位时以进门时的方向为准，右侧由客方人士就座，左侧则由主方人士就座。在其他方面，则与横桌式排座相仿。

（二）多边谈判

多边谈判是指由3方或3方以上人士所举行的谈判。多边谈判的座次排列，主要也可分为两种形式。

1. 自由式

自由式座次排列，即各方人士在谈判时自由就座，而无须事先正式安排座次。

2. 主席式

主席式座次排列，是指在谈判室内面向正门设置一个主席之位，由各方代表发言时使用。其他各方人士，则一律背对正门、面对主席之位分别就座。各方代表发言后，也须下台就座。

三、谈判者的礼仪

举行正式谈判时，谈判者尤其是主谈者的临场表现，往往直接影响到谈判的现场气氛。一般认为，谈判者的礼仪表现，最为关键的是讲究打扮、保持风度、礼待对手等3个问题。

（一）注意仪表

参加谈判时，谈判者一定要注重自己的仪表，以表示自己对谈判的高度重视。参加谈判前，应认真修饰个人仪表，尤其是要选择端庄、雅致的发型。一般不宜染彩色头发。男士通常还应当剃须。谈判者在参加正式谈判时的着装，一定要简约、庄重，切不可"摩登前卫"、标新立异。一般而言，选择深色套装、套裙，白色衬衫，并配以黑色皮鞋，才是最正规的。出席正式谈判时，女士通常应当化妆。谈判前的化妆应当淡雅清新、自然大方，不可浓妆艳抹。

（二）保持风度

在整个谈判进行期间，每一位谈判者都应当自觉地保持风度。具体地说，在谈判桌上保持风度，应当主要兼顾以下两个方面。

1. 心平气和

在谈判桌上，每一位成功的谈判者均应做到心平气和、处变不惊、不急不躁、冷静处事，既不成心惹谈判对手生气，也不自己找气来生。

2. 争取双赢

谈判往往是一种利益之争，因此谈判各方无不希望在谈判中最大限度地维护或者争取

> 礼貌周全不花钱，却比什么都值钱。
> ——塞万提斯

自身的利益。然而从本质上讲，真正成功的谈判，应当以妥协即有关各方的相互让步为其结局。这也就是说，谈判不应当以"你死我活"为目标，而应当使有关各方互利互惠，互有所得，实现双赢。在谈判中，只注意争利而不懂得适当地让利于人，只顾己方目标的实现，而指望对方一无所得，会显得既没有风度，也不会真正赢得谈判的成功。

（三）礼待对手

在谈判期间，谈判者一定要礼待自己的谈判对手。具体地讲，主要需要注意以下两点。

1. 人事分开

在谈判中，必须明白对手之间的关系是"两国交兵，各为其主"的。指望谈判对手对自己手下留情，甚至"里通外国"，不是自欺欺人，便是白日做梦。因此，要正确地处理己方人员与谈判对手之间的关系，就是要做到人与事分别而论。也就是说，大家朋友归朋友，谈判归谈判。在谈判之外，对手可以成为朋友。在谈判中，朋友也会成为对手。二者不能混为一谈。

2. 讲究礼貌

在谈判过程中，谈判者不论身处顺境还是逆境，都不可意气用事、举止粗鲁、表情冷漠、语言放肆，要懂得尊重谈判对手。在任何情况下，谈判者都应该待人谦和、彬彬有礼，对谈判对手友善相待。即使与对方存在严重的利益之争，也切忌对对方进行人身攻击、恶语相加、讽刺挖苦，不尊重对方的人格。

案例分析

> 一中国谈判小组赴中东某国进行一项工程承包谈判。在闲聊中，中方负责商务条款的成员无意中评论了中东盛行的伊斯兰教，引起对方成员的不悦。当谈及实质性问题时，中东某国成员一再流露撤出谈判的意图。

第三节　商务专题活动礼仪

任务目标

1. 了解开业典礼的礼仪规范。
2. 熟悉剪彩的程序和具体礼仪要求。
3. 落落大方地参加签字仪式。
4. 能成功地召开新闻发布会，共享信息资源。
5. 熟悉展览会仪式和具体规则。

一、开业典礼的礼仪

开业典礼也称开业仪式，是指在单位创建、开业、项目完工、落成，某一建筑物正式启用，或是某项工程正式开始之际，为了表示庆贺或纪念，而隆重举行的专门的仪式。举行开业典礼，要遵循热烈、隆重、节俭的原则。

（一）开业典礼的筹备

1. 做好开业典礼的舆论宣传工作

此类工作有二。一是选择有效的大众传播媒介进行集中性的广告宣传。企业可在报纸、电台、电视台广泛发布广告或在告示栏中张贴开业告示，其内容涉及开业仪式举行的日期及地点、开业之际对顾客的优惠措施、开业单位的经营范围及特色介绍等，以引起公众的注意。开业广告或告示的发布时间在开业前3天内为宜。二是邀请有关的大众传播界人士在开业仪式举行之时到场进行采访、报道，以期对本单位做进一步的正面宣传。

2. 做好来宾邀请工作

开业仪式影响力的大小，往往取决于来宾的身份高低与数量多少，在力所能及的条件下，要力争多邀请一些来宾参加开业仪式。地方领导、上级主管部门与地方职能管理部门的领导、合作单位与同行单位的领导、社会团体的负责人、社会名流、新闻界人士，都是邀请时应予优先考虑的重点。其中新闻界人士是邀请的首要对象。

3. 发放请柬

提前1周发出请柬，便于被邀者及早安排和准备。请柬的印制要精美，内容要完整，文字要简洁，措辞要热情。被邀者的姓名要书写规范，不能潦草马虎。一般的请柬可派人送达，也可通过邮局邮寄。给有名望的人士或主要领导的请柬应派专人送达，以表示诚恳和尊重。

4. 布置现场

应突出喜庆、热闹的气氛，营造出一种隆重而令人振奋的氛围。开业仪式多在开业现场举行，需要较为宽敞的活动空间，所以正门之外的广场、正门之内的大厅、展厅门前等处均可作为开业仪式的举行地点。

按照惯例，举行开业典礼时宾主一律站立，故一般不布置主席台及座椅。为显示隆重与敬客，可在来宾尤其是贵宾讲话之处铺设红色地毯，并在场地四周悬挂横幅、标语、气球、彩带、宫灯。此外，还应当在醒目之处摆放来宾赠送的花篮、牌匾等。

5. 致开幕词

准备开幕词、致辞仪式开始，举办方的负责人致辞，向来宾表示感谢，并介绍本企业的经营特色和服务宗旨等。上级领导和来宾可在会上致辞祝贺，在祝贺中应多讲一些祝愿的话，但要注意限制发言时间。开幕词、致辞要言简意赅、热情庄重，起到密切感情、增进友谊的作用。

6. 做好接待服务工作

接待人员在会场门口接待来宾，待来宾签到后，引导来宾就座。重要来宾须由举办方

的主要负责人亲自出面接待,其他来宾可由举办方的礼仪小姐负责接待。若来宾较多,应准备好专用的停车场、休息室,并应为其安排饮食。

7. 要做好礼品馈赠工作

开业仪式赠予来宾的礼品应具有三大特征。其一,宣传性。可在礼品及其外包装上印上举办方的企业标志、广告用语、产品图案、开业日期等。其二,荣誉性。礼品应具有一定的纪念意义,让拥有者对其珍惜、重视,并为之感到光荣和自豪。其三,独特性。礼品应具有本单位的鲜明特色,使人爱不释手。

二、剪彩仪式的礼仪规范

(一)剪彩概述

剪彩仪式是在举办展览会、展销会,或新设施、新设备竣工启用时举行的剪断彩带丝绸的庆典活动。目的也是引起社会各界人士的广泛注意,扩大宣传效果。

(二)剪彩的准备

剪彩仪式的准备工作,与开业典礼准备工作的内容大致相同,所不同的是要注意对剪彩者的特别邀请和对礼仪小姐的训练。剪彩者一般是上级领导、主管部门负责人或某一方面的知名人士,因此应当发出郑重邀请,可由主办单位领导亲自出面或委派代表专程前往邀请。若是请几位剪彩者同时剪彩,要事先征得每位剪彩者的同意,否则就是对剪彩者的失礼。剪彩礼仪小姐,是剪彩时扯彩带、递剪刀、接彩球的服务小姐,是剪彩仪式中的重要角色,可以从本企业挑选,也可到有关单位去聘请。一般要求仪容、仪表、仪态文雅、大方、庄重、优美。人员确定后,要经过必要的分工和演练。剪彩仪式还要准备彩带、剪刀、托盘等用品和适当的纪念品。

剪彩者是剪彩仪式的主角,一般具有较高的社会威望,深受大家的尊重和信任,剪彩者的礼仪直接关系到剪彩仪式的效果。因此,作为剪彩者既要有荣誉感,又要有责任感,而这些都要从剪彩者的礼仪中体现出来。

剪彩者衣着服饰应大方、整洁、挺括,容貌适当修饰,看上去容光焕发,充满活力。在剪彩过程中,剪彩者要保持一种稳重的姿态、洒脱的风度和优雅的举止。当主持人宣布开始剪彩时,剪彩者要面带微笑,步履稳健地走向由礼仪小姐扯起的彩带,接过礼仪小姐用托盘呈上的剪刀,并微笑着点头表示谢意,然后聚精会神地将彩带剪断。如果有几位剪彩者时,处在外端的剪彩者应用眼睛余光注视中间的剪彩者的动作,力争同时剪断彩带,同时还应注意与礼仪小姐配合,使彩球落于托盘内。

(三)剪彩的程序

剪彩仪式的场地一般选在展览会、展销会门口,如果是新建设施、新安装设备竣工、启用,一般安排在现场前面的空地处。会场应布置得热烈、隆重,由剪彩礼仪小姐扯起彩带,座席一般只安排剪彩者和来宾的座位,举办方的主要领导陪坐。入座时应把剪彩者安

排在前排，有多位剪彩者，应按剪彩时的位置顺序就座，以免宣布剪彩时再交换位置。剪彩时间一到，主持人与主剪者交流一下眼色，征得同意后郑重宣布剪彩仪式开始，接下来，一般应向与会者介绍参加剪彩仪式的领导、负责人、各界知名人士等主要来宾，对他们及祝贺单位、与会者表示感谢。同开业典礼一样，一般应安排主办单位负责人、来宾做简短发言，然后宣布剪彩开始，这时，剪彩者应起立稳步走向彩带，主席台上的其他人员一般要尾随于剪彩者之后一两米站立。大会服务人员应及时撤掉所有座位。剪彩完毕后，剪彩者转身向四周人们鼓掌致意，所有与会人员应鼓掌响应。剪彩仪式结束后，一般应组织参观或聚餐，会后可向来宾赠送纪念性礼品，以尽主人之意。

三、签字礼仪

签字仪式，通常是指订立合同、协议的各方在合同、协议正式签署时所举行的仪式。举行签字仪式，不仅是对谈判成果的一种公开化、固定化，而且是有关各方对自己履行合同、协议所做出的一种正式承诺。

（一）位次排列

举行签字仪式时，座次排列的具体方式共有 3 种。

1. 并列式

并列式排座，是举行双边签字仪式时最常见的形式。它的基本做法是：签字桌在室内面门横放，双方出席仪式的全体人员在签字桌之后并排排列，双方签字人员居中面门而坐，客方居右，主方居左。

2. 相对式

相对式签字仪式的排座，与并列式签字仪式的排座基本相同。二者之间的主要差别，只是相对式排座将双边参加签字仪式的随员席移至签字人的对面。

3. 主席式

主席式排座，主要适用于多边签字仪式。其操作特点是：签字桌仍须在室内横放，签字席仍须设在桌后面对正门，但只设一个，并且不固定其就座者。举行仪式时，所有各方人员，包括签字人在内，皆应背对正门、面向签字席就座。签字时，各方签字人应以规定的先后顺序依次走上签字席就座签字，然后退回原处就座。

（二）基本程序

在具体操作签字仪式时，可以依据下述基本程序进行运作。

1. 宣布开始

有关各方人员先后步入签字厅，在各自既定的位置上正式就位。

2. 签署文件

首先签署应由己方所保存的文本，然后签署应由他方所保存的文本。依照礼仪规范，每一位签字人在己方所保留的文本上签字时，应当名列首位。因此，每一位签字人均须首先签署将由己方所保存的文本，然后再交由他方签字人签署。此种做法，通常称为"轮换

制"。它的含义是：在文本签名的具体排列顺序上，应轮流使有关各方均有机会居于首位一次，以示各方完全平等。

3. 交换文本

均在由他方所保存的文本上签字后，再将己方所保存的文本收回，即交换文本。各方签字人此时应热烈握手，互致祝贺，并互换方才用过的签字笔，以示纪念。全场人员应热烈鼓掌，以表示祝贺之意。

4. 饮酒庆贺

有关各方人员一般应在交换文本后当场饮上一杯香槟酒，并与其他方面的人士一一干杯。这是国际上所通行的增加签字仪式喜庆色彩的一种常规性做法。

四、新闻发布会礼仪

新闻发布会是以发布新闻为主要内容的会议。新闻发布会礼仪，指的是有关举行新闻发布会的礼仪规范。对商界而言，发布会礼仪涉及会议的筹备、媒体的邀请、现场的应酬、善后的事宜等4个主要方面。

（一）新闻发布会的准备

① 确定主题。新闻发布会的主题有两类：一是说明性主题，如企业推出新产品、企业改变经营方针等，通过新闻发布会对外宣布决定；二是解释性主题，如企业产品质量出现问题，企业出现重大事故等，通过新闻发布会解释所发生的事件原委。

② 时间。选定时间应避开节日与假日。有些事件时效性极强，拖延时间会失去意义。

③ 地点。新闻发布会的地点可以考虑本单位所在地，事件的发生地，当地较有名气的宾馆、会议厅等举行。

④ 确定邀请范围。新闻发布会是面向新闻记者发布消息的，应根据发布会的性质邀请某类记者参加。

⑤ 选定主持人和发言人。主办单位的公关部部长、办公室主任或秘书长是主持人的人选。他们应是仪表堂堂、反应灵敏、说话流畅、善于把握大局、长于引导提问，而且对主持会议具有丰富经验。发言人，通常由本单位的领导人担任发言人。发言人应具备很高的思想修养、渊博的学识、思维敏捷、能言善辩等条件。

案例分析

> 一位西方记者问周总理："请问总理先生，现在的中国有没有妓女？"不少人纳闷：怎么提这种问题？大家都关注周总理怎样回答。周总理肯定地说："有！"全场哗然，议论纷纷。周总理看出了大家的疑惑，补充说了一句："中国的妓女在我国台湾省。"顿时掌声雷动。

商务礼仪是企业及管理者在商务场合中的脸面，如果不注重礼仪，就会失去脸面。
——松下幸之助

> 这位记者的提问是非常阴毒的，他设计了一个圈套给周总理钻。中国解放以后封闭了内地所有的妓院，原来的妓女经过改造都已经成为自食其力的劳动者。这位记者想：问"中国有没有妓女"这个问题，你周恩来一定会说"没有"。一旦你真的这样回答了，就中了他的圈套，他会紧接着说"台湾有妓女"，这个时候你总不能说"台湾不是中国的领土"。这个提问的阴毒就在这里。当然周总理一眼就看穿了他的伎俩，这样回答既识破了这位记者分裂中国领土的险恶用心，也反衬出大陆良好的社会风气。周总理考虑问题周密细致，同时反应又那么快速，你不佩服他也难啊！

（二）准备新闻发布会材料

① 发言稿紧扣主题，全面、准确、真实、生动。

② 拟定回答提纲。为了使发言人现场应答自如，可预测将要被问到的问题，并做好回答提纲，必要时予以参考。

③ 报道提纲。事先编印有关重点事件及数据的提纲，为记者提供参考资料。

④ 辅助材料。为了加深与会者对会议主题的认识和理解，报道的辅助材料应包括图片、实物、模型、录像、光盘等，以增强发言人的讲话效果。

（三）新闻发布会的程序及礼仪

① 签到。入口处设签到处，派人专责签到、分发材料、引入会场等接待工作。接待人员应热情、大方、举止文雅。

② 主持人的礼仪。主持人召开新闻发布会，应简要介绍发布会的目的、发布的消息或所公布的事情经过、真相等。根据会议主题，主持人应调节好会议气氛。当会议离主题太远时，应善于将话题引向主题；当会场气氛紧张时，应及时调节、缓和，把握好会议的进程和时间。

③ 领导发言的礼仪。会上发言，应突出重点，恰到好处，语言生动、自然，吐字清晰，忌冗长。

④ 回答提问的礼仪。领导人不要随便打断记者的提问，回答要准确、自如；对不友好的提问，要冷静，避免因激动或发怒而引发负面报道。

⑤ 会议结束后的礼仪。会议结束，主办人员应对参加者一一道别，感谢他们光临，还应耐心地答复个别记者的特殊要求。会后，主办单位应及时收集各报记者的报道，看看是否达到办新闻发布会的目的，是否有负面报道，并予更正、说明。

五、展览会礼仪

展览会简称为展览，或称为展示会。展览同时又进行销售的会议叫展销会。对商界而言，主要是指有关单位和行业组织，甚至是政府所组织的推广介绍商业产品和技术、促进商品宣传和流通的商业性聚会。在展览会上，参展单位可以利用陈列的实物、模型、文字、图表、图像资料等，提供人们参观了解介绍本单位业绩，展示本单位的成果，推销本单位的产品、技术和专利，收集有关商贸信息，进行商贸谈判，促进商贸发展。展览会有

各种形式和用途，可以专门展览主办单位的产品和成果，更多的是行业组织和专业公司，甚至当地政府等出面组织的邀请有关商界单位参加的专业性和综合性展览。

案例分析

> 2002年上海取得了2010年世界博览会的主办权，2010年5月1日至10月31日，在上海举办的世界博览会是我国举办的首届世界博览会。它是由上海市政府出面组织的世界范围的综合性国际商业展览会，约有5 000万游客专程到上海参观博览会。据专家的保守估计：世博会将给上海带来的门票、餐饮、旅游纪念品等直接销售收入91.1亿元。根据规划，上海用于世博会园区建设的直接投资额达到近240亿元。

展览会是现代社会传递和交流信息的重要手段之一，它可以通过具有说服力和感染力的现场演示和说明，达到广泛交流信息、广交朋友的作用，使有关主办单位和参展单位的信息广为传播，提高其名气和声誉。正因为如此，几乎所有的商界单位都对展览会倍加重视，踊跃参加。

（一）组织工作

① 明确主题。展览会应有鲜明的主题，才能确定展览会的对象、规模、形式等，并在此基础上开展策划、准备和实施的工作。

② 确定时间、地点。应针对展览会的目的、对象、形式及效果等因素，选择举办展览会的时间、地点。根据参展单位不同的地理区域，展览会地点可选择本埠、外埠或国外。应注意交通、住宿条件，辅助设施是否齐全等问题。时间的选择应于己有利，于参展者有利，与商品的淡、旺季相匹配。

③ 确定参展单位。确定参展单位应根据展览会的主题、时间、地点。一旦各单位确定，应即时向参展单位发出正式邀请，并发布招商广告。邀请函或广告应明确展览会的宗旨、举办的时间和地点、参展的报名时间和地点、有关的联络咨询方法，以及参展单位负担的费用等。

④ 展览内容的宣传。通过设计展览会的会徽、会标及相关的宣传标语，宣传展览会的主题、内容、时间、地点，吸引各界人士的注意。成立专门的新闻发布组织，与新闻界联系，提供新闻资料，扩大影响，增强效果。

⑤ 布展。展出的物品应合理搭配、互相衬托、相得益彰，以烘托展览会的主题，达到浑然一体、井然有序的布展效果。

⑥ 其他组织工作。

（二）礼仪要求

1. 主办单位人员的礼仪

主办单位的工作人员穿着应庄重，举止要文雅。对各参展单位，应做好服务工作，不能随意改动展期、展位、收费标准等。主持人应庄重、诚恳、气派。

2. 参展单位人员的礼仪

参展单位的工作人员应具备专业素质，掌握展览知识和技能；应统一着装，佩戴刻有单位名称、姓名、职务的胸卡；礼仪小姐可身着鲜艳的单色旗袍，胸披红色绶带迎宾；应主动与参观者打招呼；对观众提出的问题，应百问不厌、认真回答；不应无故脱岗，怠慢观众；对乱摸乱动展品的观众，应以礼相劝。参展单位的讲解员，注意语言流畅、语调清晰、声音洪亮；讲解完毕，应对听众表示感谢。

3. 参观者的礼仪

参观者应遵守秩序，不得嬉笑打闹，不乱摸乱动展品，负有共同维护展览会秩序的责任。

第四节 商务文书相关礼仪

任务目标

1. 了解商务请柬的相关礼仪要求，能熟练完成商务请柬的写作和送递。
2. 熟悉邀请书和聘书的礼仪要求。
3. 能独立完成相关商务礼仪文书的操作。

要进行商务交往，必然要涉及商务文书的写作。一封严谨规范的商务信函，一张庄重美观的请柬，一定能给人留下美好而深刻的印象。因此，学习商务文书写作的礼仪规范，是掌握商务礼仪的必要条件。

一、商务请柬相关礼仪

（一）请柬概述

请柬又称请帖，是指组织或个人邀请客人在预定的时间和地点参加某项重要的或有意义的活动的礼仪性信件。

请柬按照内容大致可以分为事务型请柬和礼仪型请柬两类。所谓事务型请柬主要是为邀请有关人士处理某些事务、商讨有关问题而发送的请柬，如会议型请柬就是一例。所谓礼仪型请柬就是为邀请有关人士参加宴会、舞会、庆祝纪念活动而发送的请柬。

（二）请柬的结构

请柬由标题、正文、结尾、落款和时间5部分组成。

标题即是"请柬"二字，一般写在封面上。

正文内容主要包括：被邀请人的姓名，被邀请参加的活动的名称，活动举行的时间、地点，有关注意事项。

结尾处空两格写上"此致""敬请""恭候"字样，再另起一行顶格写上"光临"、"往

——礼貌周全不花钱，却比什么都值钱。
——塞万提斯

临"字样。

落款写在右下方，由发请柬者署名，然后另起一行在右下方注明日期。

> **知识链接：请柬样式**
>
> 请柬
>
> ××先生：
>
> 　　为欢迎××贸易代表团访问××公司，谨定于××××年×月×日（星期×）下午7时在×市×区××路×号举行晚宴。
>
> 　　敬请
>
> 光临
>
> ××公司总经理
> ××××年×月×日
>
> 请柬
>
> 　　中国××总公司定于××××年×月×日（星期×）至×日（星期×）在××市物资交流中心举办贸易洽谈会。敬请光临。
>
> 　　此致×××先生
>
> 中国××总公司
> ××××年×月×日

（三）请柬礼仪

请柬的礼仪主要表现在请柬的制作、写作和发送等环节上。其具体内容如下。

① 请柬的款式和装潢要设计美观、制作精巧，既庄重，又大方；既要使人感到亲切快乐，又要具有一定的观赏保存价值。

② 请柬的书写要规范，按照请柬的基本格式和内容要求来书写。在语言上，要力求达雅兼备。所谓"达"，即要求语言明白晓畅，不要过分堆砌华丽词藻或套用公式化的语言；所谓"雅"，即要求文字典雅、热情、友好，但又不显得浮华。

③ 请柬的发送也需要认真斟酌。一般发送请柬的时间要根据活动的内容和日程来确定，要让客人做好准备，有所安排。发送太早，容易被人遗忘；发送太晚，又显得仓促，因而请柬的发送工作最好由专人负责。

二、邀请书

（一）邀请书概述

邀请书是一种适用于某种专题活动的特殊请柬，又被称为邀请信，是指组织为了举办某种活动而向有关人士（或单位）发出的请求参与的书面材料。一般而言，邀请书篇幅较长，内容丰富，包含的信息量也较大。

（二）邀请书的结构

邀请书的结构主要包括标题、称谓、正文、祝词、落款及时间6个部分。标题应是对本次活动主题的概括；称谓则是指对被邀请对象的称呼，在标题下一行顶格写；正文是邀请书的主体部分，主要说明举办此次活动的起因、意义、大致设想，以及被邀者、参与者所要承担的责任等；祝词则是结尾所用的客套话，一般用"此致敬礼"即可；落款写在邀请书的右下方，注明举办活动单位的名称并另起一行在落款下方写明时间，并加盖公章。

知识链接：邀请书样式

××工厂投产仪式邀请书

×××：

　　本公司新建工厂预定于×月×日开始投产，特邀请阁下届时亲临指导。新工厂的投产对本公司来说，是一个极重要的里程碑，得益于海内外同人对本公司产品的持续关注。应邀人员及公司都对公司的成功作出了很大贡献。为了略表谢意，本公司将于×月×日在向阳饭店举行午餐，随后是开幕式和参观工厂，晚间举行酒宴。届时阁下能否赏光参加，敬请来函确认并告知抵达时间，以便安排。阁下×月×日晚上在本公司留宿的费用由我方支付。

×××敬上
××××年×月×日

（三）邀请书礼仪规范

写邀请书时，标题部分要尽量凝练概括，称呼要有礼貌，正文语言要根据所反映的内容不同而有所变化，或朴实恳切，或激昂热情，不可模式化、套路化，同时必须将活动的内容、意义及参加者的任务和注意事项交代清楚。

邀请书在制作上要正规，如果内容较多、份数较多，最好用打印的方式，既节省时间和人力，又显得美观。

邀请书的发送也要注意时间的选择，近距离可派专人送达，远距离则要通过邮局邮寄。

三、聘书

（一）聘书概述

聘书是指特定组织聘请有关人员担任本单位某一职务或承担某项任务时所制发的一种特殊的应用性文书，也被称为聘请书或聘任书。随着我国市场经济的不断发展，聘书的使用范围不断扩大。

（二）聘书的结构

聘书由标题、称谓、正文、落款和时间5项内容构成。

标题写上"聘书"或"聘请（任）书"字样，一般位于聘书内页正中位置。称谓写受聘人的姓名，也可加上职务或职称，在标题下一行顶格写。

正文主要写聘请担任何职务或做何工作、任期、权限、待遇怎样，以及对聘请对象的期望等内容。

落款是在正文空两行的右侧注明聘请单位名称或聘请方法人代表的姓名并加盖公章，然后再另起一行在落款的下方写明聘书发出的具体日期。

知识链接：聘书样式

聘书

兹聘请×××同志为"××省第五届包装技术比赛评比展览会"评委。

××省经济委员会（盖章）

×××省包装技术协会（盖章）

××××年×月×日

聘书

兹聘请×××同志为××大学团委顾问，时间为二〇一五年一月一日至二〇一六年十二月三十一日。

此聘

××大学团委（盖章）

二〇一四年十二月二十八日

（三）聘书礼仪

聘书的具体礼仪要求是：首先，聘书的制作要正规、庄重，能给人增添荣誉感和责任感；其次，用语要适当，如在称呼被聘请人时要谦恭，有礼貌；正文的语言要明确、简洁，既要避免拖沓繁杂，又要避免模糊不清；最后，聘书的发送和授予要选择庄重的场合或有纪念意义的日子。

实训环节

1. 同学之间互相练习如何正确地出示名片与接受名片。
2. 结合书本知识，谈谈你认为哪些行为在商务礼仪中是大忌。
3. 以班级为单位组织开展一个关于商务礼仪的主题活动。

微课天地

锦绣商场任君游

第九章

对外交流壮国威

> 人无礼不立,事无礼不成,国无礼不宁。
> ——荀卿

引导案例

从周恩来总理老一辈外交家起,就开始了以礼宾体现我礼仪之邦,不卑不亢的新中国一整套有效的做法。外事无小事,礼宾也无小事。

1971年7月,美国总统尼克松的特使基辛格来到北京,与周恩来总理举行秘密会谈。7月10日上午参观完故宫后,基辛格来到人民大会堂福建厅,出席在这里举行的会谈。会谈之初,由于双方互不摸底,谈话都非常谨慎,神经高度紧张。到了中午,会谈仍没有取得一致意见。这时,周恩来话锋一转:"我们不如先吃午饭,烤鸭要凉了。"

午饭共有12道菜,"唱主角"的是北京烤鸭。周恩来向基辛格介绍烤鸭的吃法,并亲自为他夹上片好的鸭肉,放在荷叶饼上。临近午饭结束时,周恩来提议大家举杯,喝中国的"国酒"——茅台酒,预祝双方下午的会谈取得成功。这次举杯喝酒,后来被国际舆论称为周恩来的"茅台外交"。

这天下午和第二天的会谈,取得了积极的进展:起草基辛格这次访问的联合公报,我国政府决定发表邀请美国总统尼克松访华的公告……尼克松愉快地接受这一邀请,并于1972年2月按计划如期访华。从此,中美关系揭开了新的一页。

在此之前——1971年4月,美国乒乓球队来华访问和进行友谊比赛,也在世界上引起很大反响,被国际舆论称为周恩来的"乒乓外交"。后来,人们把"乒乓外交""烤鸭外交""茅台外交",统称为周恩来的"三大外交策略"。

涉外礼仪,又称国际礼仪,是对涉外交际礼仪的简称。本章所介绍的涉外礼仪,主要是指中国人在对外交往中,用以维护自身形象和向交往对象表示尊重和友好的约定俗成的习惯做法。

现代礼仪

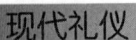

遵守涉外礼仪，主要作用有四：首先，有利于个人形象、单位形象和国家形象的维护；其次，有助于自身良好素质与教养的展示；再次，有助于增加中外双方的相互信任与了解；最后，有助于发展交往双方之间的友谊。涉外礼仪，主要适用于比较正式的场合，并且可操作性很强。在学习涉外礼仪的时候，既要了解其主要的讲究，又要回避很多禁忌。简言之，就是在同外国人交往时，能够恰如其分地做到"有所为""有所不为"。本章拟扼要介绍涉外礼仪的基本规范。

第一节 涉外礼仪通则

任务目标

1．掌握基本的涉外礼仪，并能够在涉外交往中贯彻实施。
2．在对外交往中注意个人形象，维护集体荣誉。
3．在国际交流中要不卑不亢、保护隐私。
4．国际礼仪准则女士优先、热情有度。

一、注意个人形象

根据惯例，在国际交往之中，人们普遍对交往对象的个人形象倍加关注，并且都十分重视遵照规范的、得体的方式塑造、维护自己的个人形象，此即"注意个人形象"通则。形象是一种效益，形象是一种宣传，形象是一种教养，形象是一种服务。

案例分析

> "文化的冲击"
>
> 2002年英国BBC电视台采访了芭蕾舞蹈家克莱儿·罗丝小姐。罗丝小姐是当今英国最杰出的舞蹈家，她以其优美的舞姿风靡世界，她的肖像被陈列在伦敦蜡像馆。作为英国皇家芭蕾舞团的第一主角，她应邀到世界各地演出。记者就世界各国留给她的印象问道："你在世界各国演出，有哪些国家让你记忆深刻？"罗丝小姐回答："日本和中国。"记者紧追不放："这两个国家为什么让你印象深刻？"罗丝小姐回忆了在日本和中国演出的不同体验："日本这个东方国家的观众在我演出时的表现，令我感动。因为他们不但非常有礼貌，仿佛还很懂得我的舞蹈。当我在台上表演时，我发现场下鸦雀无声，观众都在全神贯注地望着我，我能够非常激情地投入到剧情之中，他们的关注激励了我要用全身心去表达角色。演出结束时，他们全场起立，热烈的掌声不断，我不得不几次出来谢场。我非常感动，因为他们确实能够理解和欣赏西方的芭蕾舞蹈。

第九章 对外交流壮国威

日本观众让我认识到舞蹈是没有国界的。"记者问："在中国呢？"她回忆道："在中国北京，当我充满激情地在表演《吉赛尔》的一段独舞时，我看到前排的观众打开手机与别人通话。在舞蹈中间，场上还有手机的铃声。我的情绪受到了极大的影响。我在上面激情地表演，下面有人打电话，那是一种什么感觉？我经历了文化的冲击。"

一些普通中国观众的不礼貌行为在国际艺术家的头脑中留下了不美好的回忆，罗丝小姐用英国人的含蓄称之为"文化的冲击"。个别中国人的不礼貌行为会被当成普遍现象，进而认定"不懂礼貌"就是中国文化的一部分！

二、不卑不亢

所谓不卑不亢，是个人在参与国际交往时，应该意识到自己的言行举止在外国人的眼里，无不代表着自己的国家、民族，代表着自己所属的团体，既要维护本国利益，又要尊重他国的利益和尊严。"不卑"是在外国人面前不妄自菲薄、卑躬屈膝，乃至丧失民族气节；"不亢"是在外国人面前不自大狂傲、唯我独尊，甚至恃强凌弱。

案例分析

破冰之旅

1972年2月，尼克松总统访华。当月21日中午，尼克松的专机抵达北京，周恩来总理等到机场迎接。飞机舱门打开后，只有尼克松和夫人两个人共同走下舷梯，而随行的基辛格、罗杰斯等人都等到尼克松夫妇与周总理握手后才下舷梯。这是因为美方想突出尼克松与周总理单独握手的画面。当尼克松夫妇出现在飞机舱门时，周总理并没有鼓掌，而是等他们走到舷梯一半位置时才开始鼓掌。等尼克松夫妇下完舷梯最后一级，周总理也不是主动迎上去握手，而是站在原地。这时尼克松主动走上前去，身体微向前倾，先伸出手握住周总理的手说："我非常高兴来到中华人民共和国的首都——北京。"这时，周总理的回话也是意味深长："您的手伸过了世界上最辽阔的海洋——我们25年没有交往了！"在欢迎仪式上，没有群众欢迎场面。在欢迎宴会上，一般情况下，周总理在和其他国家领导人碰杯时，总是让自己酒杯的上沿去碰对方杯子的中间部分。但这次在向尼克松敬酒时，周总理却特意将他的酒杯杯沿和尼克松的酒杯杯沿持平后再碰杯。这一细微的举动，既不失礼，也不过分。

在人类历史的发展进程中，形成了不同的宗教、语言、文化、习俗和习惯。当我们到别的国家参观访问时，应当事先了解该国人们在宗教文化、衣食住行、言谈举止、待人接物等方面特有的讲究和禁忌。这样，在交往的过程中就会胸有成竹，应对自如。至少也不大容易惹麻烦，或者出洋相。因为不同国家在风俗习惯方面不尽相同。例如，同是表达敬意，蒙古人献哈达，俄罗斯人献盐和面包，东南亚人献兰花花环；同是吃饭，东亚人用筷

> 人无礼不立，事无礼不成，国无礼不宁。
> ——荀卿

子，阿拉伯人以右手取食，欧美国家的人们则用刀叉。

尊重交往对象的具体操作中，应注意以下内容。

① 充分地了解与交往对象相关的习俗。"入境而问禁，入国而问俗，入门而问讳"（知己知彼），有备而来，不触禁。

② 无条件地对交往对象所持有的习俗加以尊重。尊重交往对象的个人，就是尊重其民族、国家及其所信仰的宗教。

三、尊重个人隐私

在国际交往中，尊重隐私也是重要的礼仪规范。尊重隐私，要坚持以个人为交往对象的礼仪原则。例如，给一家人中的某个人帮了忙或送了一份礼物，这行为本身也仅是对某个人而言才有意义，除受惠人会表示感谢外，其他家人一般不会因此而致谢，这是很正常的现象。尊重隐私，不能侵犯属于个人的空间与领域。一家人同住一栋房子里，各个房间便是每个家庭成员自己的天地，不敲门、不经允许，便不能突然闯入。拜访他人家庭、前往他人家庭、前往他人办公室洽谈，都须预先约定。尊重隐私，在交谈中应回避任何涉及个人隐私的话题。

> **知识链接**：涉外礼仪中的"八不问"
>
> ① 不问收入支出。收入与支出问题，实际上与个人的能力相关，并事关个人脸面。交谈时一旦涉及此点，便让交谈之人没有平等与尊严可言。
>
> ② 不问年龄大小。在国际社会里，人们普遍将本人的年龄视"核心机密"，并且讳言年老。西方的白领丽人们，特别讲究这一点。
>
> ③ 不问恋爱婚姻。谈论婚恋问题，在国外不仅被视为无聊，而且还有可能被视为成心令人难堪，或是对交谈对象进行"性骚扰"。
>
> ④ 不问身体健康。每个人的身体状况与健康状况，均为其立足于社会的重要"资本"，所以轻易不会将其实情告之于人。
>
> ⑤ 不问家庭住址。家庭被外国人看作私人领地，故此对外绝不公开。即便私宅电话的号码，也通常不会对外界公开。
>
> ⑥ 不问个人经历。外国人主张"英雄莫问出处"，反之则往往会被看作居心不良，或缺少教养。
>
> ⑦ 不问信仰政见。在国际社会里，国与国、人与人之间都提倡"超意识形态合作"，所以对交往对象的信仰政见不应冒昧地打探。
>
> ⑧ 不问"所忙何事"。"所忙何事"的问题，在外国人心中绝对属于个人自由。向其询问此点，肯定会被视为"没话找话"。

四、女士优先

"Ladies first"即女士第一或女士优先，这是国际礼仪中很重要的原则。女士优先的核心是，要求男士在任何场合、任何情况下，都要在行动上从各个方面尊重、照顾、帮助、保护妇女。在社交场合遵从女士第一的原则，可以显示男子气质与绅士风度。男女同行时，男子应走靠外的一侧。不能并行时，男士应让女士先行一步。在开门、下车、上楼或进入无人领路的场所、遇到障碍和危险时，男士应走在女士前面。乘坐计程车或其他轿车时，应让女士先上车；下车一般是男士先下，然后照顾女士下车。在门口、楼梯口、电梯口及通道走廊遇到女士，男士应侧身站立一旁，让其先行。在需要开门的场合，男士应为女士开门。在社交聚会场合，男士看到女士进门，应起身以示礼貌；当客人见到男女主人时，应先与女主人打招呼。就餐时，进入餐厅入座的顺序是，侍者引道，女士随后，男士"压阵"。一旦坐下，女士就不必再起身与别人打招呼，而男士则需起身与他人打招呼。点菜时，应先把菜单递给女士。女士在接受男士的礼让时，不能过分腼腆与羞怯，应面带笑容道谢。

"女士优先"的适用情况如下。

① "女士优先"主要适用于社交场合；而在公务场合，人们强调的是男女平等，忽略性别，因而不太讲究女士优先。

② 除了适用于国际交往外，在西方国家、非洲国家、拉丁美洲国家也是通行的。不过在阿拉伯、东南亚地区、日本、韩国、朝鲜、蒙古、印度等国家和地区中，人们依然奉行"男尊女卑"，往往对"女士优先"并不买账。

案例分析

> **女士优先**
>
> 在一个秋高气爽的日子里，迎宾员小杨，穿一身剪裁得体的新制服，第一次独立地走上了迎宾员的岗位。一辆白色高级轿车向饭店驶来，司机熟练而准确地将车停靠在饭店豪华大转门的雨棚下。小杨看到后排坐着两位男士、前排副驾驶座上坐着一位身材较高的外国女宾。小杨一步上前，以优雅的姿态和职业性动作，先为后排客人打开车门，动作麻利而规范、一气呵成。与此同时，小伙子目视客人，礼貌亲切地问候，做好护顶关好车门后，小杨迅速走向前门，准备以同样的礼仪迎接那位女宾下车，但那位女宾满脸不悦，使小杨茫然不知所措。通常后排座为上座，一般凡有身份者皆在此就座。优先为重要客人提供服务是饭店服务的常规，这位女宾为什么不悦？小杨错在哪里？

五、热情适度

基本含义：要求人们在参与国际交往，直接同外国人打交道时，不仅仅待人要热情而友好，更为重要的是，要把握好待人热情友好的具体分寸，否则就会事与愿违、过犹不及。具体而言，要掌握好4个"度"。

① 关心有度：是指不宜对外国友人表现得过于关心，不要让对方觉得我方人员碍手

碍脚。

② 批评有度：是指在一般情况下，对待外国友人的所作所为，只要其未触犯我国法律，不有悖于伦理道德，不有辱我方的国格、人格或尚未危及其人身安全，那么通常就没必要去评判其是非对错，尤其是不宜当面对对方进行批评指责，或是加以干预。

③ 距离有度。在涉外交往中，人与人之间的正常距离大致可以分为以下4种。

- 私人距离——小于0.5米，它适用于家人、恋人与至交之间的交往。因此，有人称之为"亲密距离"。
- 社交距离——在大于0.5米，小于1.5米之内，它适用于一般性的交际应酬，故称之为"常规距离"。
- 礼仪距离——在大于1.5米，小于3米之内，它适应会议、庆典及接见等场合，意在向交往对象表示敬意，所以又称"敬人距离"。
- 公共距离——在3米开外，适用于公共场所同陌生人相处，所以也被称为"有距离的距离"。

④ 举止有度：是指与外国人相处之际，务必对自己的举止动作多多检点，切勿因为自己举止失当而引起误会，或是失敬于人。

案例分析

举止有度

王丽在上海一家五星级酒店做楼面值台服务员，因为她亲切热情，服务周到，在她所负责的楼层入住的客人对她的印象都不错。直到有一天，一对到上海来谈生意的德国夫妇外出回店。由于这对夫妇入住已有好几天，王丽和他们比较熟，所以在问候他们以后，王丽如同对待老朋友那样，随口便问："你们去哪里玩了？"夫妇俩开始还比较耐心地回答："我们去南京路了。"小王接着又问："你们逛了什么商店？"对方被迫答道："上海华联。"小王一时兴起，越问越多："上海华联挺不错的，你们都买了些什么呀？"这回德国夫妇没有作答，说了声"再见"后转身离去。之后，德国夫妇向酒店提出要换楼层。

第二节　涉外迎送礼仪

任务目标

1. 涉外迎送要符合礼仪规范的要求。
2. 熟悉涉外迎送中的身份介绍和称呼。

在涉外活动中，迎接和送别一向受到重视。中国人强调，凡事应善始善终。迎接与送别，实际上就是涉外接待工作的始和终，它们在涉外工作中占有重要的地位。

一、涉外迎送规格的确定与安排

（一）确定迎送规格

迎接外宾，不论是个人还是团体，均应事先确定接待规格。应按照国际惯例，派遣同外宾或外国团体负责人身份相当的我方人士，负责迎候外宾的工作。只有与我方关系极为密切者，才允许破格接待。迎候人员应准确掌握外宾抵达的时间，提前到达机场、码头或车站的站台，以示对来宾的尊重。

对来宾的迎送规格各国做法不尽一致。确定迎送规格，主要依据来访者的身份和访问目的，适当考虑两国关系，同时要注意国际惯例，综合平衡。主要迎送的身份通常都要同来宾中身份最高者相当，但由于各种原因（如国家体制不同，当事人年事高不便出面，临时身体不适或不在当地等），不可能完全对等。遇此情况，可灵活变通，由职位相当的人士，或由副职出面。总之，主人身份总要与客人相差不大，以同客人相当、对等为宜。当事人不能出面时，无论做何种形式的处理，都应向对方作出解释。其他迎送人员不宜过多。也有从发展两国关系或当前政治需要出发，破格接待，安排较大的迎送场面。然而，为避免造成厚此薄彼的印象，非有特殊需要，一般都按常规办理。

（二）掌握抵达和离开的时间

必须准确掌握来宾乘坐飞机（火车、船舶）抵离时间，及早通知全体迎送人员和有关单位。如有变化，应及时告知。由于天气变化等意外原因，飞机、火车、船舶都可能不准时。一般大城市，机场离市区又较远，因此，既要顺利地接送客人，又不过多耽误迎送人员的时间，就要准确掌握抵离时间。若迎候地点人声嘈杂，或客人甚多，可事先预备好一块牌子，上书"欢迎光临"。也可以准备一些小旗子。这样可以使客人一目了然，便于寻找主人。

迎送人员应在飞机（火车、船舶）抵达之前到达机场（车站、码头）。送行则应在客人登机之前抵达（离去时如有欢送仪式，则应在仪式开始之前到达）。如客人乘坐班机离开，应通知其按航空公司规定时间抵达机场办理有关手续（身份高的客人，可由接待人员提前前往代办手续）。

（三）乘车

乘车时，应先请客人从右侧上车，陪同主人再从左侧上车。待外宾与陪同人员全部上车后，再驱车去宾馆。途中，陪同人员应择机将有利于对外宣传提倡的事物，如沿途所见的欢迎标语、人文景观等向外宾介绍。

人无礼不立，事无礼不成，国无礼不宁。

——荀卿

（四）献花

如安排献花，须用鲜花，并注意保持花束整洁、鲜艳，忌用菊花、杜鹃花、石竹花、黄色花朵。有的国家习惯送花环，或者送一两枝名贵的兰花、玫瑰花等。通常由儿童或女青年在参加迎送的主要领导人与客人握手之后，将花献上。有的国家由女主人向女宾献花。

（五）对一般客人的迎接

迎接一般客人，无官方正式仪式，主要是做好各项安排。如果客人是熟人，则可不必介绍，仅向前握手，互致问候；如果客人是首次前来，又不认识，接待人员应主动打听，主动自我介绍；如果迎接大批客人，也可以事先准备特定的标志，如小旗或牌子等，让客人从远处就能看到，以便客人主动前来接洽。

> **知识链接：迎送工作中的几项具体事务**
>
> ① 迎送身份高的客人，事先在机场（车站、码头）安排贵宾休息室，准备饮料。
>
> ② 安排汽车，预定住房。如有条件，在客人到达之前将住房号码和乘车路线通知客人。如果做不到，可印好住房、乘车表，或打好卡片，在客人刚到达时，及时发到每个人手中，或通过对方的联络秘书转达。这既可避免混乱，又可以使客人心中有数，主动配合。
>
> ③ 指派专人协助办理入出境手续、机票（车、船票）和行李提取或托运手续等事宜。重要代表团，人数众多，行李也多，应将客人的主要行李先取出（最好请对方派人配合），及时送往住地，以便更衣。
>
> ④ 客人抵达住处后，一般不要马上安排活动，应稍作休息，起码给对方留下更衣的时间。

二、涉外迎送中的身份介绍与称呼

（一）身份介绍

客人与迎接人员见面时，互相介绍。通常先将前来欢迎的人员介绍给来宾，可由礼宾交际工作人员或其他接待人员介绍，也可以由欢迎人员中身份最高者介绍。与外宾见面时，通常应先将我方人员介绍给外宾；会见的座位，一般是外宾坐右边，我方人员坐左边。如事先不知女宾是否已婚，可称其为女士，年轻的可称小姐，不冒称夫人或太太。见面介绍时，妇女通常不起立，仅点头致意即可。当女主人介绍时，必须起立。客人初到，一般较拘谨，主人宜主动与客人寒暄。

第九章 对外交流壮国威

（二）称呼

由于各国、各民族语言不同，风俗习惯各异，社会制度不一，因而在称呼上差别很大，如果称呼错了，不但会使对方不高兴，引起反感，甚至还会闹出笑话，出现误会。

① 在国际交往中，一般对男子称先生，对女子称夫人、女士、小姐。已婚女子称夫人，未婚女子统称小姐。不了解婚姻情况的女子可称小姐，对戴结婚戒指的年纪稍长的可称夫人。这些称呼可冠以姓名、职业、官衔等。如"布莱克先生""议员先生""市长先生""上校先生""玛丽小姐""秘书小姐""护士小姐""怀特夫人"等。

② 对地位高的官方人士，部长以上的高级官员一般可称"阁下"，前面可冠以官衔和先生。如"部长阁下""总统阁下""主席先生阁下""总理阁下""总理先生阁下""大使先生阁下"等。但美国、墨西哥、德国等国没有称"阁下"的习惯，因此在这些国家可称先生。对有地位的女士可称夫人，对有高级官衔的妇女，也可称"阁下"。

③ 君主制国家，按习惯称国王、皇后为"陛下"，称王子、公主、亲王等为"殿下"。对有公、侯、伯、子、男等爵位的人士既可称爵位，也可称阁下，一般也可称先生。

④ 对医生、教授、法官、律师以及有博士等学位的人士，均可单独称"医生""教授""法官""律师""博士"等。同时可以在前面加上姓氏，也可在后面加先生，如"卡特教授""法官先生""律师先生""博士先生"。此外，还可既在前面加姓氏，又在后面加"先生"，如"马丁博士先生"等。

第三节 涉外礼宾次序和国旗的悬挂

任务目标

1．涉外国旗悬挂要符合礼仪规范的要求。
2．熟悉涉外礼宾的次序排列。

所谓礼宾次序，是指国际交往中对出席活动的国家、团体、各国人士的位次按某些规则和惯例进行排列的先后次序。一般来说，礼宾次序体现东道主对各国宾客所给予的礼遇，在一些国际性的集会上则表示各国主权平等的地位。礼宾次序安排不当或不符合国际惯例，则会引起不必要的争执与交涉，甚至影响国家关系。因此在组织涉外活动时，对礼宾次序应给予一定的重视。

一、涉外礼宾次序

礼宾次序的排列，尽管国际上已有一些惯例，但各国有各国的具体做法。有些排列顺序和做法已由国际法或国内法所肯定，如外交代表位次的排列，在《维也纳外交关系公约》中就有专门的规定。很多国家对本国各级官员的排列常用法律形式固定下来，如

人无礼不立，事无礼不成，国无礼不宁。
——荀卿

法国1907年7月16日公布的《关于位次排列的命令》明确规定中央与地方的官方机构、团体和个人参加公共活动的排列顺序。现仅就对外礼仪中礼宾次序的几种排列方法做一简介。

在各种类型的国际交往中，大到政治磋商、商务往来、文化交流，小到私人接触、社交应酬，但凡有必要确定并排列具体位置的主次尊卑，"以右为尊"都是普遍适用的。

在并排站立、行走或者就座的时候，为了表示礼貌，主人要主动居左，而请客人居右。男士应当主动居左，而请女士居右。晚辈应当主动居左，而请长辈居右。未婚者应当主动居左，请已婚者居右。职位、身份低者应该当主动居左，而请职位、身份高者居右。

> **知识链接：涉外礼宾次序**
>
> ① 按身份与职务的高低排列。这是礼宾次序排列的主要根据。一般官方活动，经常是按身份与职务的高低安排礼宾次序。各国提供的正式名单或正式通知是确定职务的依据。
>
> ② 按字母顺序排列。多边活动中的礼宾次序有时按参加者所在国国名的字母顺序排列，一般以英文字母排列居多，少数情况也有按其他语种的字母顺序排列的。这种排列方法多见于国际会议、体育比赛等。
>
> ③ 按通知代表团组成的日期先后排列。有些国家举行多边活动，常采用按通知代表团组成的日期先后排列礼宾次序。东道国对同等身份的外国代表团，按派遣国通知代表团组成的日期排列，或按代表团抵达活动地点的时间先后排列，或按派遣国决定应邀派遣代表团参加该活动的答复时间先后排列。

二、国旗的悬挂

国旗是国家的象征，是民族的尊严。在涉外活动中，我们往往通过悬挂国旗表示对本国的热爱和对他国的尊重。国际交往中，一个主权国家内悬挂他国国旗有着一些公认的通行惯例。外事活动中国旗悬挂应注意以下几点。

① 按国际关系准则，一国元首、政府首脑、议会议长在他国领土上访问，有在其住所及交通工具上悬挂本国国旗的外交特权。

② 国际会议上，会场外须悬挂每个与会国国旗；国际性体育、展览等活动中，也要在有关正式场合悬挂所有与会国国旗。

③ 悬挂双方国旗，以右为上，左为下。两国国旗并挂，以正面为准，右挂客方国旗，左挂本国国旗；汽车上挂旗，驾驶员左手为主方，右手为客方。双方对座会谈时，主客双方分别在各自主谈人桌上用旗架悬挂本国国旗。

④ 国旗不能倒挂，也不能反挂。

第四节 宗教和节日礼仪习俗

任务目标

1. 了解世界上主要的宗教及其礼仪规范，尊重宗教信仰自由。
2. 熟悉中国传统节日礼仪习俗。
3. 尊重传统，在国际交流中尊重他人。

一、宗教习俗礼仪

（一）主要宗教的礼仪和风俗习惯

1. 佛教

饮食方面：素食是最基本、最重要的一条。素食包括不吃"荤"和"腥"。"荤"是指有异味的蔬菜，如大蒜、大葱、韭菜等；"腥"是指肉食，即各种动物的肉，甚至蛋。不过素食的范围也比较广，例如豆制品、牛奶和乳制品都可以食用。僧人不饮酒、不吸烟，也不吃零食。因此，不宜向僧人敬烟；同桌就餐时，不宜点荤菜，不宜向僧人敬酒。

社交礼仪：与僧尼见面问好，最好不要握手，而要双手"合十"；对出家人的称谓，一般僧尼，可称"法师"或是"师父"。而"和尚"实际上则是很尊重的称呼，遵照佛教的制度，只有大丛林（寺院）的方丈才能称为"和尚"。

旅游观光：与僧人交往时不问是否已婚，不宜邀请僧人唱歌、跳舞或参加其他不符合佛教清规戒律的娱乐活动。同比丘尼（尼姑）交往要注意，男性公民不能进她们的寮房，不要主动与她们握手，到比丘尼寺院参观、拜佛，应衣冠整齐，不能着背心、打赤膊和穿拖鞋，因为佛寺历来被佛教信徒视为清净的圣地。当寺内举行宗教仪式或启建道场时，更不能高声喧哗及有其他干扰宗教仪式或秩序的举动。女士们到男众寺院也要注意，不要随意到僧人闭关的地方去。

2. 基督教

饮食习惯：千万不能把猪内脏等当作佳肴做给他们吃。不吃血可以说是基督教信徒生活中一个比较明显的禁忌。勒死的牲畜也在基督教徒禁食之列，因为勒死的动物血液未流出，已被吸收于肉中。

社交礼仪：基督教对婚姻十分重视。婚姻应以一夫一妻为原则，上帝为亚当创造夏娃即表明这一道理。反对一夫多妻，包括纳妾、重婚等形式的婚姻行为，也不主张或者提倡离婚。此外，看相、算命、占卜和占星术（星象学）等类也为基督教所禁止，因为他们觉得这些活动都相信有一种上帝之外的干预人生的神秘力量，是一种宿命论。

旅游观光：在教徒聚会和崇拜活动中禁止吸烟，不穿拖鞋，着装不暴露。

3. 天主教

饮食习惯：天主教会为纪念耶稣基督在十字架上圣死，制定了守斋的规则。小斋，即素食，每逢星期五，禁忌吃猪肉、牛肉、鸡肉、飞禽肉、羊肉，即热血动物的肉。但水族的肉、鱼虾等可以食用。大斋是教会规定于每年复活节前40天内守斋，故称封斋月。信徒因某原因不能守斋的，可请求"豁免"，如孕妇或哺乳婴儿的妇女可以不守大斋。

社交礼仪：根据教会的传统，天主教的主教、神父、修女是不结婚的。所以，同天主教徒交往时，见到主教不可问"有几个子女"，遇到年轻的神父、修女则不可问"爱人在哪里工作"等问题。此外还有神职人员从商禁忌及天主教徒的离婚禁忌等。

旅游观光：凡进入教堂参观的游客，都应自觉保持庄重、肃穆的仪表，绝对禁止衣着不整或穿拖鞋、短裤入教堂。同时也禁止在教堂内来回乱窜、大声喧哗、交头接耳、东张西望、打情骂俏、争抢座位等，更不允许在教堂内吃东西、抽烟。因此，非教徒进入教堂时一定要遵守教堂规则，不要造成不良影响。

4. 道教

饮食习惯：道教主要分为正一和全真两大派别。全真道士茹素吃斋，入全真道观决不能夹带荤菜。正一道士平日可以吃荤，但逢斋日必须吃素，因此，在香期内入正一道观，也不能夹带荤菜。

社交礼仪：同道士打招呼，不能用佛教的"合十"礼仪，而要用两手抱拳的"拱手"礼。二是见了道士不得问寿，即不得问道士的年龄。三是上香礼仪。忌戊日烧香；忌双香祀神，一般多以3炷香为准；忌用右手持香，须左手持香；忌以口啮香，就是不能用嘴叼香；忌用灶中火燃香。

旅游观光：道教宫观是道士生活、修道和举行各种道教活动的重要场所。要保持道观的清静、整洁和庄严，切忌有任何违背戒律的言行。进入道观，应当衣冠整齐，注重形仪，不可光身赤脚，也不可高声喧哗。

二、中国传统节日礼仪习俗

（一）春节

亘古溯源，百节年为首，四季春最先。春节（含除夕）是炎黄子孙历史最悠久、最隆重、最富于民族特色的节日。春节又叫"过年""年节"，其影响遍及祖国的四面八方、海外华侨和华人。

习俗：扫尘；剪纸；贴年画、春联；除夕守岁；包饺子；放爆竹；拜年。四忌：乱走动；酗酒；赌博；扯闲话春节期间要特别注意语言禁忌，尽量说一些好话、吉利话，如"多""余""好"等字眼，切忌说"病""死""完了"等之类的不祥话。

（二）元宵节

元宵，原意为"上元节的晚上"，因正月十五"上元节"的主要活动是晚上的观灯赏

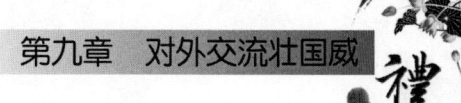

月，元宵的灯又叫彩灯、花灯和灯笼，后来节日名称也演化为"元宵节"。

习俗：扎花灯；猜灯谜；耍龙灯；踩高跷；划旱船；扭秧歌；吃元宵。

（三）清明节

清明节是中国重要的传统民俗节日之一，清明节有两种不同的概念和含义，其一是古人根据太阳历制定出的气候节令，其二是一个缅怀故人的祭祀节日。

习俗：踏青；扫墓；祭拜祖先；放风筝。

（四）端午节

端午节为每年农历五月初五，又称端阳节、午日节、五月节等；端午节是中国汉族人民纪念屈原的传统节日。

习俗：吃粽子；赛龙舟；挂艾蒿；带荷包；喝雄黄酒；佩戴香袋。

（五）中秋节

中秋节为每年农历八月十五。这是一个最具诗情画意的节日。古人说，每逢佳节倍思亲。中秋节更是如此，尤其是当一轮明月高高挂起的时候。

习俗：吃月饼；团圆；赏月。

（六）重阳节

又称"老人节""敬老节"，农历九月初九是重阳节，古人认为九是阳数，两九相重，所以叫重九。两阳相重，当然叫重阳。重阳节本是一个以娱乐为主的节日，我国现在已把重阳节定为老人节，就有了全新的意义了。

习俗：吃重阳糕；登高；喝菊花酒；插茱萸。

第五节　涉外礼仪的禁忌

任务目标

1．了解一些涉外礼仪的禁忌。

2．在国际交往中避免因不懂礼仪而出现的问题。

在人们的生活中，一般都离不开交往，交往须以礼相待，国内人际交往是这样，国际的人际交往更是如此。了解当事国家在交往礼仪中的禁忌，必赢得友谊，带来互利互惠的双赢结果。

> 人无礼不立，事无礼不成，国无礼不宁。
> ——荀卿

现代礼仪

案例分析

某趟京沪列车的乘务人员,由于了解印度婆罗门教习惯,判断出一对印度夫妇身份不俗,知道他们禁酒、敬牛、不吃猪肉,不但给他们安排了合适的饭菜,而且刻意用右手为他们服务。这对夫妇很感动地说:"从你们身上,我们看到中国不愧为礼仪之邦、文明古国,了不起。"

一、欧美国家的礼仪禁忌

信奉基督教(含天主教)的欧美国家,习俗禁忌大致相似。人们都认为13是不吉利的,应当尽量避开,甚至在每个月的13日,很多人都会感到忐忑不安。人们还认为星期五也是不吉利的,尤其是逢13日那天正好是星期五时,最好不举办任何活动。在日常生活中的编号,如门牌号、旅馆房号、宴会桌编号、汽车编号等都尽量避开13这个数字。据传这是因为犹大为30个银币卖主,致耶稣钉死十字架的缘故。

以国别而论,英国人内敛,他们聊时事、八卦、天气,回避谈私事、英国今昔、北爱尔兰问题及君主制等话题。忌讳有:从梯子下面走,在房间里撑伞,鞋子放在桌上,人像做装饰品,白百合或菊花赠人。喜欢的礼品:一盒巧克力,一瓶酒或几枝鲜花。爱尔兰曾遭受英国的殖民统治,忌讳英国国旗红白蓝组合色,去爱尔兰人家做客可迟到半小时,以免主人手忙脚乱。与法国人初次见面不送礼,再次相见时可送礼,礼品应体现对主人的赞美而不是亲密;赴约请要准时,但别期望法国人也一样,因为法国的习惯是主宾姗姗来迟;法国人通常健谈,口无遮拦,倾听很重要,意见不合要委婉表达。在奥地利,看歌剧须正装出席。德国人准时、严谨,所有场合着装正规,视手揣在口袋里为无礼。在意大利,吃通心粉要用叉子团起来吃;意大利人散漫、情绪化,很不守时,但容易交往。美国人热情、不拘礼、可直呼其名,刚见面也许就邀你吃饭、看戏或外出旅游,交谈时宜对视,忌过于谦虚;探访前必须预约,准时守信,不讲究衣着;小礼品如花束、茶叶、糖果受欢迎,不流行送重礼。

二、亚洲国家礼仪禁忌

东亚的日本、韩国极重礼仪,其风俗习惯大可在中国追根溯源,但传承得好。日本人的彬彬有礼举世皆知,茶道代表其民族精神,初次见面行60°~90°鞠躬礼;进门脱鞋,谈话目光投注脖子部位;打出租用信封或纸包了现金给司机;喜奇数、忌偶数,因"奇"字兆示吉祥福气;喜欢长寿的仙鹤、乌龟;爱菊花不以菊相赠,16瓣菊为皇室专用;凡结婚、生子、升职、生日、年节都送礼;时间观念强,极讲效率;忌数字4与9,因和"死""苦"发音相近;忌用筷子舔、移、扭、掏、插;喜红、白、蓝、橙、黄等色,视绿、紫、黑白相间、深灰等色及荷花图案为不祥,认为3人合影是死亡预兆。虽随处是汉字，但意思和汉语大相径庭，如日文"汽车"指火车，"火车"指"穷得叮当响"，"手纸"指"信纸"，"大丈夫"说的是"没有关系"。

韩国深受儒家文化影响，多清规戒律，重男轻女，进门男走前，女为男拿衣挂帽；韩国人尊老，重仪容仪表，喜白色，衣着保守，从不大声言笑；对社交手势反应敏感，召唤人时手心向下动手指，视西方人手掌朝上的姿势为无礼，更忌用食指招呼人；最忌数字4，因它的韩语发音和拼音与"死"字完全一样。

东南亚、南亚信奉佛教、伊斯兰教和印度教。佛教忌荤，见面行合十礼，即胸前合掌躬首致礼；要避免与泰国人有任何身体接触，进入寺庙圣地必衣装得体，不可亵渎佛像。

印尼、马来西亚、巴基斯坦信伊斯兰教，视左手不洁，敬酒倒茶递食一概用右手。印度教崇拜蛇，忌牛肉，也以左手为不洁，男人相见握手，男女见面合十鞠躬，男女不单独交谈；印度等级森严，跨种姓交往不能平起平坐，喜欢数字3、7、9及红、黄、蓝、绿4种颜色。

三、阿拉伯、非洲国家礼仪禁忌

约12亿名伊斯兰教徒分布于阿拉伯、非洲国家。他们视猪不洁，忌谈之，忌食之；不饮酒；伊斯兰历9月为斋月，白天禁食，每天祷告5次，见面第一句"真主保佑！"；男女交往多禁忌，女性戴面纱，穿衣不裸露肩膀及膝盖以上部位。拜访阿拉伯朋友，见不到女主人属正常，不可打听，更不要给女主人送礼；酒、雕塑、有女性及动物图案的礼品犯忌；盯视或夸赞主人的某件物品可能结果尴尬，依习俗主人会请你收下它。

非洲人的民族情结较重，讨厌别人对他们招手（过去白人唤狗的姿势），反感点名计点人数（过去黑奴贸易的联想）；握手礼很有讲究，对贵客，先以左手握右手腕，再以右手握客人手；对亲密的人是轻握其手，再握其拇指，最后紧握手；与他们交谈入正题快，点头表示赞同，右手刮右耳表示坚决反对，咂嘴摇左耳表示好吃，闭嘴咬牙吹气表示倒霉，晃肩摇头表示不愿送礼，递东西用双手或右手。科特迪瓦和塞内加尔人守时，莫桑比克人喜被人称呼姓或职务。

四、俄罗斯、东欧及拉美国家礼仪禁忌

俄罗斯、东欧国家信奉东正教，礼仪与基督教国家差不多，也忌讳13。俄罗斯人尊重妇女，男人习惯给女人让座，为方便女人梳妆，火车未到站就离开车厢，排队不在女士前面加塞，处处体现女士优先。应邀做客可送酒或鲜花，但花不能成双。给波兰人送花不送玫瑰，那是情侣送的；给捷克人送礼，不可有红三角图案，那表示有毒；保加利亚人点头表示不同意，摇头表示同意。拉美国家信天主教，习惯源自欧洲，忌黑色，因与死亡相关；不喜紫色，因与悲伤相关；不送手帕，因与眼泪相关；忌送奢侈品。巴西人认为，人死如黄叶离枝，用棕黄色办丧事，普遍遵守圣经"十诫"。

> 人无礼不立，事无礼不成，国无礼不宁。
> ——荀卿

现代礼仪

实训环节

1. 对照本章所讲的礼仪知识，谈谈我们如何在对外交流中彰显中华民族五千年文明，你如何做好一个对外交流的文明宣传使者。

2. 结合我国对外交流的实际情况写一封倡议书，倡议我国的公民要在涉外交往中体现文明素养，树立良好的国际形象。

3. 大家设计几条宣传遵守国际礼仪的宣传语（突出原创性）。

4. 查查有关四大宗教的知识，了解并宣传各宗教的礼仪禁忌。

微课天地

对外交流壮国威

> 亲善产生幸福，文明带来和谐。
> ——雨果

参考文献

[1] 张岩松. 现代礼仪教程 [M]. 北京：清华大学出版社，2015.
[2] 杨眉. 现代商务礼仪 [M]. 大连：东北财经大学出版社，2010.
[3] 金正昆. 大学生礼仪 [M]. 北京：中国人民大学出版社，2015.

尊敬的老师：

您好。

请您认真、完全地填写以下表格的内容(务必填写每一项)，索取相关图书的教学资源。

教学资源索取表

书　名			作者名	
姓　名		所在学校		
职　称		职　务		讲授课程
联系方式 电话：			E-mail：	
地址(含邮编)				
贵校已购本教材的数量(本)				
所需教学资源				
系／院主任姓名				

系／院主任：＿＿＿＿＿＿＿＿＿＿＿＿(签字)

(系／院办公室公章)

20＿＿＿年＿＿月＿＿日

注意：

① 本配套教学资源仅向购买了相关教材的学校老师免费提供。

② 请任课老师认真填写以上信息，并**请系／院加盖公章**，然后传真到(010)80115555转718438上索取配套教学资源。也可将加盖公章的文件扫描后，发送到fservice@126.com上索取教学资源。欢迎各位老师扫码关注我们的微信号和公众号，随时与我们进行沟通和互动。

③ 个人购买的读者，请提供含有书名的购书凭证，如发票、网络交易信息，以及购书地点和本人工作单位来索取。

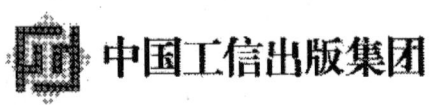

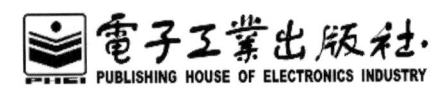

微信号　　　　　公众号

中国工信出版集团　　　电子工业出版社
PUBLISHING HOUSE OF ELECTRONICS INDUSTRY